T0278617

Perder la gracia

Cuatro vidas a la mitad

Javier Gómez Santander
Pedro Simón
Antonio Lucas
Eduardo Madina

Perder la gracia

Cuatro vidas a la mitad

Papel certificado por el Forest Stewardship Council®

MIXTO
Papel procedente de
fuentes responsables
FSC
www.fsc.org   FSC® C117695

Penguin
Random House
Grupo Editorial

Primera edición: mayo de 2023

© 2023, Javier Gómez Santander, Pedro Simón, Antonio Lucas y Eduardo Madina
© 2023, Penguin Random House Grupo Editorial, S.A.U.
Travessera de Gràcia, 47-49. 08021 Barcelona

© Diseño: Penguin Random House Grupo Editorial, inspirado en un diseño original de Enric Satué

Printed in Spain – Impreso en España

ISBN: 978-84-204-7565-3
Depósito legal: B-5720-2023

Compuesto en MT Color & Diseño, S. L.
Impreso en EGEDSA, Sabadell (Barcelona)

AL75653

Índice

Manual de instrucciones   9

Historia de un vicio   11
JAVIER GÓMEZ SANTANDER

Hijos del quiosco   81
PEDRO SIMÓN

En busca de cobijo (una experiencia)   113
ANTONIO LUCAS

Perder la gracia política   175
EDUARDO MADINA

Manual de instrucciones

Una noche, cuatro buenos amigos se juntan como hacen habitualmente. Cuando se juntan una noche cualquiera cuatro buenos amigos pasan cosas. Incluso buenas. A unos les da por preparar un atraco. Otros forman una banda de jazz o de rock and roll. Los más sagaces crean los Beatles.

Nosotros no sabemos de armas y cantamos fatal. Así que, aquella noche, a la segunda cerveza, uno propuso escribir algo juntos. La cosa podía haberse quedado ahí. Pero qué va: a la tercera ronda nos pareció a todos una idea espléndida. A la cuarta, alguien propuso un título. No hubo quinta. Y aquí estamos hoy. Si alguien pide otra más, rodamos la cuarta parte de *El Padrino*.

Perder la gracia no es un libro generacional. No representa a un colectivo. No da claves necesarias ni aporta solución alguna. No es autoayuda, ni ensayo, ni antropología; ni de nada, ni de nadie. No pretende hacer reír y menos hacer llorar. No es caro, pero tampoco es barato. No es un ajuste de cuentas. No es eso, no. No es lo otro. Y tampoco es lo de más allá. Pero es nuestro. Lo más nuestro que tenemos juntos. Lo mismo que el Josealfredo, las cervezas, las confidencias, los entusiasmos, las canas, los desengaños, los errores, los kilos de más y los aciertos de menos.

Perder la gracia es perder la gracia. Y la vergüenza. Y los complejos. Y el tiempo. Y el miedo al qué dirán. Tenemos una edad.

Perder la gracia son cuatro amigos en una suerte de sincericidio, ganando la sobremesa.

Historia de un vicio
Javier Gómez Santander

En Santander el conocimiento se alcanza por suposición. Llevamos esa carencia en el alma. Sales a la calle y supones. Pero no se pregunta. Preguntar es una impertinencia. Somos una sociedad que puede afirmar sin rubor que suponiendo se llega a Roma.

Siendo yo de allí, mi carrera periodística estaba condenada. Pero yo no lo sabía. No me había hecho esa pregunta. Si preguntar a los demás era una falta de educación, preguntarse cosas a uno mismo era una falta absoluta de amor propio. Así que devine en periodista y acabé como tenía que acabar, haciendo televisión. Por no preguntar.

A mi tío se le murió una vez el perro. Lo enterró, pero el animal volvió a casa a los tres días con el pelo entreverado de tierra. Después de lavarlo, mi tío dijo: «Menos mal que no lo tiré a la basura». «Es verdad», respondí. Y ya. No hubo más comentarios. Seguimos con nuestra vida y nadie se preguntó gran cosa. Mi tío ya había resucitado un par de veces: una en la fábrica y otra de camino al depósito. Si nadie le había dado valor a sus vueltas a la vida, no se la íbamos a dar a la de un animal, que no podía ni explicarse. Además, con las resurrecciones hay que tener cuidado, porque empieza uno haciéndose preguntas y termina organizando una iglesia.

La palabra «fe» es la prueba de que preguntar mucho acaba conduciendo a la nada.

Si Cristo hubiera resucitado en Santander, alguien les habría dicho a los evangelistas: «Chavalucos, de esto: oír, ver y callar», y ahí se habría terminado el asunto. Porque hay cosas que es mejor suponerlas. Y, después de haberlas supuesto, va uno y se las calla. Una cosa es ser hijo de Dios y otra que se te note.

En mi familia las resurrecciones no se las contamos ni al médico. La última vez que yo resucité, iba vestido de ciclista y tres o cuatro desconocidos rodeaban mi cadáver. Dos de ellos, que llevaban ya un rato reanimándome, lloraban. Otro, al fondo, se echaba las manos a la cabeza. Al no tener yo presencia de espíritu se estaban poniendo en lo peor. Supongo que eran empiristas.

Cuando me desperté y los vi pensé lo que pienso siempre que resucito: «Me cago en la puta». De forma pausada, pero con la rotundidad certera que adquiere uno después de haberse muerto: «Me cago en la puta», con todas sus letras. Es normal. Ya te has muerto y, de repente, otra vez mañana es lunes.

Cuando vuelves a tu cuerpo, no sé por qué, lo primero que haces es comprobar que puedes mover los dedos de los pies. Es algo a lo que en el día a día no le damos mucho valor, pero, después de morirse, mover los dedos de los pies parece lo más importante del mundo. Después se mueven las manos y, con ellas, se palpa uno los genitales. Si todo esto está en orden, te atreves a mirar que no estés sangrando. Si no sangras, te puedes ir a casa. Es así de simple. No hay ni que pensarlo. Lo llevamos todos los seres humanos en el ADN.

Pero aquella vez tuve la mala suerte de resucitar en Madrid. Las veces que he resucitado en Santander nadie le ha dado la menor importancia al asunto. Uno resucita, se levanta y lo dejan seguir con su vida como le venga en gana (siempre y cuando no trate de llamar la atención). Pero en Madrid no. En Madrid la gente pregunta. Hasta trata de tomar decisiones por el recién regresado. Madrid, a diferencia de Santander, es una ciudad impertinente.

Al final me tocó discutir, anular una ambulancia y consentir que el amable panadero que me había regresado a la vida me llevase también de vuelta a mi domicilio, con la bicicleta en la parte de atrás de su furgoneta, que era una Citroën C15, por más señas.

—¿Por qué no quieres ir al hospital? —me preguntó entrando por la A6.

—Porque me van a hacer pruebas —respondí.

—Así sales de dudas —dijo él.

¿Dudas? ¿Qué dudas? Yo no dudaba. Estaba vivo, suponía que estaba bien. Y, gracias a eso, aquella tarde, entre unas dosis desmesuradas de marihuana para aliviar el dolor, pude ver las dos primeras de *El Padrino*. Por suponer. Porque, si hubiera sido yo de preguntar, me habría pasado la tarde, y puede que la noche, en un hospital. Sin tele ni marihuana ni nada.

Pero no todo fue bueno. Las semanas avanzaron y el dolor no se iba. Transcurridos unos meses, comprendí que toda forma de estar en el mundo encierra una adversidad; vivir suponiendo también. Había ganado una tarde cinéfila *post mortem*, pero como contrapartida había adquirido un dolor crónico entre las vértebras que se habían llevado el golpe contra el quitamiedos. Y el dolor, como sucede con todos los errores importantes de la vida, no se iba a marchar.

Hoy, muchos años después de aquel accidente, hay días en los que el dolor es tan intenso que escribo tumbado. Entonces me digo la frase de Ben Bradlee, el director de *The Washington Post*: «Peor sería tener que trabajar», y me siento mejor.

Aunque no soy creyente, soy profundamente católico. Es algo que no puedo evitar porque, además de nacer en Santander, nací en España. Así que, sin querer, pienso idioteces de español. Una de ellas es que a través del dolor se alcanza la redención y que todo este sufrimiento algún día será recompensado. Lo escribo y me avergüenzo. También pienso que, en el fondo, eso define a una creencia: es algo que llevas dentro y que, al pasar por el filtro de la razón, te sonroja.

También hay una herencia de fondo en mi cabeza que opina que una caída del caballo puede alumbrarte y convertirte, como le pasó a san Pablo. A mí, caerme de la bici y estrellarme a sesenta por hora contra una estructura de aluminio que quedó teñida del rojo de mi maillot me hizo reflexionar.

Fue sintiendo el dolor en las vértebras, después de haber conducido muchas horas, mirando el Atlántico desde Portugal y viendo al sol ponerse de frente, cuando me hice la pregunta que lo desbarataría todo: «¿Y si no tengo razón?».

Un big bang estalló en mi cerebro: Santander saltó por los aires con todas sus suposiciones, los bisontes de las cuevas de Altamira huyeron en estampida y Severiano Ballesteros bajó el puño victorioso en el *green* de mi memoria. El efecto dominó tumbó todas las fichas que sujetaban lo que quedaba de mi identidad: ser tan de izquierdas como para perder siempre se hizo revisable; el supremacismo cultural del cine de países que no sabía colocar en el mapa, irrisorio; el teatro y los tostones desmesurados que me había comido a cuenta de dejarme llevar por la corriente del prestigio, evitables; los museos que exigían más de una hora de mi atención, resumibles; dar por hecho que el verde es sinónimo de belleza paisajística, sonrojante; el odio al reguetón, pretencioso; el doctorado en Investigación literaria que estaba cursando, un camino hacia la miseria; y mi juventud, completa, desparramándose encima de un teclado ambicionando revolucionar la novela universal, un desperdicio.

Todo se transformó después de aquella pregunta que aún hoy sigue alojada entre mis vértebras: «¿Y si no tengo razón?», pinzándome nervios que no debería saber que existen. «¿Y si no tengo razón?», descubriendo el Tramadol. «¿Y si no tengo razón?», inyectándome analgésicos de los de dar el DNI en la farmacia.

Por suerte, no la tenía. En nada. Y comprendí que no la iba a tener jamás, pensase lo que pensase. Tener razón, descubrí, era una pretensión propia de vagos y de reaccionarios, que son los dos tipos de seres humanos que aspiran al inmovilismo. Y yo sabía que no quería que me confundieran nunca con un reaccionario. Así que empecé a ambicionar la contradicción, el error y la incertidumbre. También empecé a hacer otra cosa, la más contraria a mi naturaleza santanderina: preguntar.

Cuando empiezas a hacerte preguntas a los veintidós años sucede lo mismo que cuando empiezas a masturbarte a los trece: no sabes por qué no lo has hecho antes, pero no puedes parar de hacerlo ahora. Compulsivamente, sin mesura, sin dios, ni leyes, ni civismo. A los veintidós tienes tal sed de conocimiento que te preguntas como un mono.

Estaba empezando a ser periodista sin saberlo. Estaba aprendiendo algo que deberían haberme contado en la universidad nada más llegar: un periodista tiene que dudar de todo. En primer lugar, de sí mismo.

Desde entonces, no sé muy bien lo que opinaba ayer sobre ningún asunto, pero defiendo lo que pienso hoy sin preocuparme demasiado por qué me parecerá mañana.

No recordar lo que se opina y no saber lo que se sabe son virtudes poco aconsejables para un cirujano o un piloto. Pero a mí, que me he dedicado al periodismo y a los guiones, estas facultades me han dado todo lo que he necesitado para hacer mi trabajo. Porque un periodista y un guionista comparten una maldición: cada día empiezan de cero. No importa gran cosa lo que sepan, pero sí importa cómo piensen. Importa, en resumidas cuentas, su criterio.

Y aquí es donde viene a cerrarse este círculo que comienza en Santander y termina frente al Atlántico portugués. Creo que el criterio es una mezcla entre la capacidad de suponer y la poca vergüenza que te dé preguntar.

Suponer y preguntar, esa mezcla entre lo que yo traía de serie y lo que tuve que aprender, me han permitido desempeñar trabajos que no sabía hacer de forma más satisfactoria que si hubiera sabido hacerlos.

Cuando llevaba un año de prácticas en la Cadena SER de Móstoles, le pregunté a mi jefa, Patricia Ramos: «¿Qué es la producción, que os oigo hablar todo el día de ella y no sé a qué os referís?».

Patricia hizo girar su silla con la elegancia que le daba su envidiable genética y ser hija de un jefe de planta de El Corte Inglés. Era guapa, morena, tan aspirable y bien vestida que me parecía del todo inalcanzable. Además, tenía unos ojos oscuros, españoles y afilados que sabían desmontarme por piezas, como si yo, más que un periodista en ciernes, fuese un Meccano de hombre que delante de ella era incapaz de llevar las tuercas ajustadas.

Con aquellos ojos como llaves me desarmó, examinó las piezas y concluyó que esa pregunta era seria. Después respondió que el productor del programa era yo, que llevaba un año siéndolo, que producir un programa de radio era llenarlo de contenido, que no podía creer que no me hubiera enterado de cómo se llamaba mi trabajo o no lo recordase de la universidad.

Volví a casa muy feliz aquel día sabiendo que tenía un cargo. Hasta llamé a mi madre y se lo conté. Hoy estoy seguro de que si el primer día me hubieran dicho: «Eres el productor de este programa y tu cometido consiste en llenar de contenido diecinueve horas de radio a la semana», habría salido corriendo. En lugar de eso, tuve un año en el que pude hacer mi trabajo desde el lugar más tranquilo que existe: la ignorancia.

Esta inconsciencia liberadora se ha ido repitiendo una y otra vez a lo largo de mi vida. Siempre he ido teniendo trabajos que no sabía hacer, pero he descubierto que el ser humano suele estar dispuesto a explicarle cosas a otro ser humano que es sincero con su ignorancia.

Cuando arrancamos la tercera temporada de *La casa de papel*, que fue la primera en Netflix, yo sabía que tenía más responsabilidades, pero no tenía muy claro cuáles. Después de haber escrito unos capítulos, llegó la primera lectura de guion con todos los departamentos. Yo fui allí pensando que no iba a pintar nada, con ganas de sentarme en una esquina discreta y revisar unas tramas en las que estábamos trabajando el equipo de guionistas mientras los demás hablaban de sus cosas.

Entré en una sala con la mesa de reuniones más grande que he visto en mi vida, era como una boda modesta o un bautizo rico. Entre treinta y cuarenta personas clavaron sus ojos en mí. Había muchos papeles y muchos ordenadores. También chucherías, frutos secos, refrescos, jarras de café y agua. «Parecemos americanos», pensé al ver tanto material calórico de colores. Después, busqué una silla en un sitio apartado y me encaminé hacia ella. Jesús Colmenar, el director principal y productor ejecutivo de la serie, me dijo: «¿Adónde vas?».

—Ahí —respondí señalando la silla del ángulo oscuro—. Vosotros tranquilos, que yo no os molesto.

—Javi, toda esta gente viene a preguntarte cosas —respondió él muy serio—. Tú y yo nos sentamos a la cabecera de la mesa.

Murmuré «no me jodas» y me quedé paralizado. En esa parálisis apareció Cristina López Ferraz, alias Titi, directora de producción y el cimiento sobre el que se apoya Vancouver Media, la productora.

Titi me había dicho esa mañana algo de mi cargo y de mi nuevo sueldo, y lo había dicho con mucho jolgorio, preguntándome si me fumaba un piti y ofreciéndome una Coca-Cola Zero. Claro, dije. Pero, entre lo del sueldo y la Coca-Cola, que yo no suelo tomar por miedo a eructar después, me olvidé del cargo.

Media hora más tarde, en aquellos segundos de desconcierto en los que asumía que me sentaría a la cabecera de aquel bautizo, volvió a aparecer Titi, acelerada como un electrón, resolviendo miles de problemas al tiempo en su cabeza frenética. Iba a pasar de largo, pero sintió algo que interrumpió su órbita: mi desconcierto. Se detuvo y observó mi cara, que miraba al vacío como las vacas miran al tren.

—¿Qué has dicho que soy ahora, Titi? —pregunté.

—Coproductor ejecutivo.

—¿Y qué hace un coproductor ejecutivo?

—¿Estás de coña, melón?

—No.

—Eres el jefe de toda esta gente. Vienen todos a hacerte preguntas.

—¿Qué preguntas me van a hacer, si está todo explicado en el guion?

—Venga, no me toques las narices, que rodamos en cinco países y en tres continentes durante las próximas cuatro semanas. ¿Tú sabes la que hay liada?

—No mucho, ciertamente.

—¿No te has preparado la reunión?

—¿Cómo, preparar?

—¿No te ha dicho Álex a qué venías?

—Me ha dicho que estuviera aquí a las diez, que era una cosa técnica, pero después nos hemos distraído hablando de otras cosas.

Titi abrió una Coca-Cola y dijo: «Yo flipo con vosotros». Esa tarde, al salir, llamé a Álex Pina, el creador de la serie, que no podía parar de reírse por lo que le parecía una broma fabulosa: tirarme allí sin avisar a partir el bacalao.

Seguía pasmado delante de Titi.

—Le he dicho a mi equipo que llegaba a comer con ellos. Igual cancelo, ¿no? —solté por soltar algo.

—Esta reunión va a durar tres días, Javi. Mínimo. Hoy es miércoles, da gracias si terminamos el viernes. Y más vale que estés espabilado, porque si no estos cabrones te comen. Vas a tener que tomar decisiones por varios millones de euros. Y que no se te suban a las barbas, por favor, que me revientas la producción. Está todo el mundo medio loco y tienes que ponerles los pies en el suelo.

—No te preocupes. Total, serán cosas de la serie, ¿no?

—Sí, cosas de la serie. Son cosas como qué hacemos con el Ministerio del Interior de Panamá y vuestra puñetera persecución por el barrio más peligroso del país, o la que tenemos liada en Tailandia para rodar cómo tiramos un vehículo al mar en una reserva de la biosfera, o cortar la Gran Vía y Callao en Madrid durante dos días para la lluvia de billetitos, que manda narices, no podríais haber escogido otro sitio, y otros cien mil marrones que tenéis que decir qué hacemos con ellos.

—Ah, con eso puedes estar tranquila —respondí.

Y no sé si se tranquilizó, pero yo encontré el resuello necesario como para recordar qué me había llevado hasta esa reunión: suposiciones y preguntas. Y, preguntando y suponiendo, salí airoso. De hecho, adquirí fe durante esos tres días. Bueno, confianza, que es como la fe, pero basada en hechos.

Hace poco tuve una conversación extraña con mi madre. Le dije: «Mamá, tú crees que se te han muerto todos los hijos menos uno. Pero tengo una noticia que darte y es mala: se te han muerto todos. Sí, yo también, y varias veces. Pero puedes estar tranquila porque yo soy el único que ha sabido resucitar, como tío y como el perro aquel que tuvo. No sé cómo lo hago, pero sé hacerlo. Y no voy a dejar de resucitar mientras tú estés viva, da igual las veces que me muera».

Por algún motivo, mi madre no me calzó un tortazo, sino que sonrió con dulzura. Desde luego, al ser ella santanderina, no preguntó nada. Yo recuerdo esa conversación y pienso que, del mismo modo que resucito, he ido aprendiendo a hacer mis trabajos: sin saber cómo, pero sabiendo que, si los habían hecho otros antes, yo también podía.

Hay algo más. Creo que he sido capaz de hacer televisión gracias a lo que he aprendido resucitando. Porque la resurrección y la tele se parecen mucho. Siempre hay un momento en el que sientes que no hay salida, todo está a oscuras, no tienes ideas y, metido en ese rincón, no hay nadie a quien preguntar. Es un callejón oscuro en el que sientes el vacío, la oscuridad y la angustia. Pero la tele y la resurrección van de soportar el vacío, la oscuridad y la angustia.

En resumidas cuentas, para resucitar y para hacer televisión no hay que ir hacia la luz. En un caso, la luz es morirse del todo. En el otro, el de las ideas, es recorrer caminos que ya han transitado otros antes. Sí, no están oscuros y no dan miedo, pero eso es porque ya ha pasado mucha gente por allí y están tan trillados que el espectador comienza a aborrecerlos. Así que no nos interesan. Para las ideas buenas, igual que para la resurrección, hay que avanzar hacia la oscuridad. El cerebro dirá que no, porque es un genio buscando explicaciones para no hacer nada, pero hay que ponerlo contra la pared y decirle: «De aquí no sales hasta que encuentres una solución». Después toca agobiarse, no dormir, obsesionarse, perder algo de salud y, sobre todo, recordar que las ideas buenas se tienen por acoso, no por inspiración. Y, al final, si no te das la vuelta, resucitas o se te ocurre algo potable, que para el caso es lo mismo. Después de eso tienes quince minutos buenos antes de meterte en el siguiente problema.

Más que una carrera laboral y tres o cuatro vidas, yo he tenido una concatenación de ambiciones, desmesuras, esfuerzos y suertes. Y, mientras esas cosas han sucedido, me he ido asomando a algunos de los acontecimientos más definitorios de mi tiempo, conociendo a algunos personajes relevantes y contando las cosas que veía. A veces, se las he contado a este país; a veces, a este continente; a veces, un poco al mundo. Un mundo al que, desde 2008, se le vienen abriendo grietas que le están haciendo perder la gracia, o lo que habíamos aceptado que era la gracia y que tenía que ver con nuestra idea de progreso.

También yo estoy entrando en la edad de perder la gracia. Y los demás firmantes de este libro han entrado antes que yo, aunque conserven intacto el carisma.

Ahora, esto va de averiguar cómo ha sido. Lo mío va desde una radio diminuta a las plataformas de televisión. Desde un presentador del tiempo que odiaba su trabajo a un escritorcillo que se enamoró del atraco más grande de la historia. En medio de todo eso, me asomé a guerras políticas, conseguí un *prime time* donde crear el programa que se me antojó y el hambre de televisión estuvo a punto de borrarme del mapa un par de veces.

Mi nombre es Javier Gómez Santander y empecé en la tele haciendo el tonto. Después comprendí que este negocio era como todos los demás: se trata de generar adictos o, si queremos edulcorar la fórmula, clientela fiel.

Y ahí sigo, tratando de hacer fieles y de no caerme de un mundo que sé que, como a todos los que nos dedicamos a él, algún día me pegará una patada inmisericorde que me sacará para siempre del juego. Porque, como me dijo Álex Pina el día que lo conocí, «en esta profesión nadie aguanta dos fracasos». Y es tan fácil fracasar.

Yo, como todos los periodistas a los que trato de usted, quise ser Ryszard Kapuściński. Entonces, Kapuściński todavía era un mito en el que creer y lo que hoy se llama heteropatriarcado se conocía mayoritariamente como realidad. Así que yo aspiraba a ser corresponsal de guerra, beber whisky sin parar, fumar mucho y follar como un poseso con mujeres medio salvajes en trincheras por descubrir. Era un plan sin fisuras, pero acabé dando el tiempo.

No se podía caer más bajo. Es algo así como planear la expedición de Scott a la Antártida y despertarte al día siguiente en Marina d'Or con tres chiquillos gritones, un bufet libre a base de fritos y un bañador horroroso que te dejas puesto incluso en el restaurante. Y, claro, te preguntas por qué.

Hoy sé que fue por dinero. Peor aún: por poco dinero. Yo renuncié a mis sueños por 1.342 euros al mes. Sin embargo, era lo suficiente como para que a mí me pareciese asombroso que me lo diesen. Pienso que los hijos de los obreros atravesamos unos años de desconcierto antes de ser capaces de pedir aumentos de sueldo. Que nos paguen por lo que produce nuestra cabeza y no nuestro cuerpo nos parece un error que alguien corregirá algún día. Así que tendemos a no hacer ruido y conformarnos. Yo tardé unos diez años en convencerme de que estaba siendo estafado, de que generaba muchísimo más de lo que recibía y de que merecía otra cosa.

Esa falta de cuidados, sobre todo económicos, fue una novedad en la televisión de la época. En La Sexta fuimos la primera redacción de informativos mal pagada de las teles nacionales. Entonces se decía que los sueldos se iban a igualar antes o después con el resto de las televisiones. Y, sí, se igualaron algo, pero porque las demás también empezaron a abaratarse, a hacer ERE, a tener plantillas volantes de falsos autónomos y a establecer, finalmente, dos clases de periodistas: los contratados antes de Lehman y los que vinieron después.

Los colegas más mayores (de otras teles o periódicos, en la radio nunca se ha pagado bien) estaban, como el resto del país, traficando con viviendas. Nos decían que alquilar era tirar el dinero y nos preguntaban por qué no comprábamos de una vez. Cuando les recordábamos lo que cobrábamos, respondían:

«Ya, es que los sueldos de la tele de antes..., eso ya no va a volver».

Era una frase que se decía como una palmada en el hombro, pero, en realidad, en ella resonaban las trompetas del apocalipsis. No creo que nunca antes se haya aceptado el retroceso con tanta mansedumbre.

Cuando escribo esto, según la OCDE, la evolución real de los salarios —descontada la inflación— ha decrecido un 0,9 % en España entre los años 2000 y 2020. En ese mismo periodo, en Noruega han subido un 44 %, en Corea del Sur un 43 % y, en Alemania y Francia, casi un 20 %.

Alguien nos preguntará mañana qué hacíamos mientras España involucionaba tanto y tendremos que responder que selfis. Selfis para Instagram y selfis laborales. En ese gesto del brazo alzado al frente para vernos en una pantalla, que podría ser una ventana y que hemos reducido a espejo, está la metáfora de en qué han quedado la negociación colectiva y la conciencia de clase de mi generación. En cómo hemos renunciado a ser ciudadanos para ser consumidores. A la clase por el individualismo. A la protección colectiva por el sálvese quien pueda.

«En esta empresa no hacen falta sindicatos porque aquí cualquier trabajador puede entrar a mi despacho a pedir un aumento», he llegado a oír yo en una de las empresas en las que he trabajado. Y nadie respondió, que es lo triste. Supongo que pensábamos que, algún día, la bonanza nos llegaría, como les había llegado a los anteriores, como si la dignidad laboral se repartiera por turno. Pero no. La España que se autodefinía como milagro económico se desmoronó ante nuestros ojos justo cuando nos íbamos a subir a ella.

Se habla mucho de la España del ladrillo, pero a mí esa expresión no me gusta porque los ladrillos son cosas y las cosas no tuvieron la culpa de nada. Aquél era el país de los fantoches, donde la investigación se confundía con la recalificación, la inversión con la especulación, el talento con el amiguismo y el progreso con el pelotazo.

No saber qué hacer con el progreso pero tener claro qué se haría con un pelotazo es una de las cosas que definen a los países en vías de maduración, como el nuestro.

En aquel mundo que se derrumbaba, yo, que vivía ya muy cerca de donde la precariedad desemboca en precipicio, pillé. Llegaron esos 1.342 euros al mes y los cogí al vuelo. Con ellos entré en una redacción que empezaba, algo que —si se pudiera escoger— recomendaría a todos los periodistas del mundo, porque una redacción que empieza es un organismo que se busca a sí mismo: su tono, su lenguaje, su identidad. Y un periodista que empieza está, precisamente, en la misma búsqueda. Además, en un medio nuevo todo está por repartirse: secciones, fuentes y, sobre todo, el poder. Más que por repartirse, todo está por conquistarse. Porque estos trabajos son una disputa: para que tú hagas lo que quieres hacer, muchos otros tienen que no hacerlo.

A mí la oportunidad me llegó por un mecanismo de eficacia inigualable en nuestra sociedad: el enchufe. Fue una mañana de lunes cuando sonó el teléfono. Antonio García Ferreras me había dado clase de radio en la universidad. Yo nunca fui un alumno que buscase la excelencia, pero Antonio me descubrió la radio y me obsesioné. Sólo pensaba en radio. Sólo quería hacer radio: boletos, programas, entrevistas..., lo que fuera. No salía de los estudios de la universidad. Y se me dio bien. A los pocos meses entré en la SER. Allí estuve dos años, hasta poco después de terminar la carrera. Hasta aquel lunes por la mañana en el que Antonio llamó.

—¿Por qué no has hecho las pruebas de La Sexta? —preguntó a modo de saludo.

—Porque no sabía que había habido pruebas.

—Han ido más de seiscientos periodistas a hacerlas. ¿Has sido el único de toda la profesión que no se ha enterado?

—Se ve que sí.

—¿En qué estás?

—Sigo en la radio. Voy bien.

Mi situación era dramática. Ya iba a cumplir dos años de becario en la SER, que era el máximo legal, cobraba trescientos euros al mes, mi beca estatal de estudios (unos cuatro mil quinientos euros al año que me permitían vivir) se había terminado con mi licenciatura y el mejor horizonte posible era pasar a tener un contrato en prácticas en la radio. A saber: dedicación completa por seiscientos euros al mes. Combinar eso con vivir en Madrid tenía una traducción facilísima: a mi carrera periodística le quedaban dos meses.

—Ya sé que estás en la radio —respondió Ferreras—. Te he oído y estás haciendo boletos a las tres de la mañana en fin de semana. No parece que vayas tan bien.

—A mí me gusta.

—Tienes el peor turno de la zona euro, Gómez, no me toques los cojones. Ven el miércoles por la tarde a hacer una entrevista de trabajo. Pero sólo me queda un puesto libre.

—¿Cuál? —pregunté creyendo que iba a responderme becario de azucarillos.

—Presentar el tiempo.

Silencio. La vida se recalcula en un instante. A un lado, el periodismo. Al otro, la supervivencia. Presentar el tiempo era todo lo contrario a lo que me interesaba. No hay factor humano en la previsión del tiempo. No hay historias, ni emociones, ni intereses chocando. Pasa porque sí, más allá de cuestiones climáticas. Además, a mí no me ha interesado jamás saber cómo va a hacer mañana. Dar el tiempo era, en términos periodísticos, como renunciar al pene en términos vitales. Pero los dilemas son éstos. Todos tenemos un precio y no depende tanto de la cantidad que nos ofrezcan como de la necesidad que tengamos de que nos ofrezcan algo. Los principios son para después de comer. Y yo, con el hambre que tenía, hubiera presentado el *Telecupón*.

—No me jodas —respondí.

—No hay otra cosa. Si hubieras hecho las pruebas...

—Pero algo más tendré que hacer. Aunque sea, dame medio ambiente. —Era un ignorante y me parecía una sección menor, digna de pedirse como quien solicita las sobras del perro.

—No metas la pata.

—Ya veremos.

Llegué dos horas tarde a la entrevista de trabajo porque, fatídicamente, coincidió con la etapa del

Tour en la que Floyd Landis perdió una minutada con Pereiro, que se puso líder en La Toussuire. No había manera de despegarse del televisor, era el día para descubrir si los milagros existen.

Disculparon el retraso (era un enchufado, me quedó clarísimo), la entrevista duró unas cuatro horas y salió bien. Nunca en mi vida había hablado tanto. Descubrí que había una cosa que me gustaba más que entrevistar a gente y era ser entrevistado por gente. El ego crece por satisfacción, pero se detecta por deflagración, esto lo comprendería años después. A los cinco días empecé a trabajar en La Sexta. Antes de pisar la redacción, Antonio me hizo subir a su despacho.

—Vas a ser un muñeco —dijo.

—¿Cómo?

—Que vas a salir por la tele y todo el que sale por la tele se vuelve gilipollas.

—Si me vuelvo gilipollas por presentar el tiempo es que soy gilipollas, Antonio.

—Vas a ir a restaurantes y sabrán cómo te llamas. La gente te va a saludar por la calle, se harán fotos contigo, se te acercarán chicas, te invitarán a fiestas, empezarás a vestirte bien, aunque sólo sea por la ropa que robes en vestuario. Y tú, como todo el que sale por una pantalla, te volverás gilipollas. Sólo te pido una cosa: intenta que sea poco.

—Nadie conoce a un presentador del tiempo. No tengas miedo.

—Pero a ti sí te van a conocer. —Se echó hacia delante sobre la mesa de su despacho, como hace ahora sobre la mesa del plató, me miró a los ojos hasta que hizo pie en mi hipotálamo y me clavó una

31

frase dentro como quien clava una chincheta en un corcho—. Tienes libertad absoluta. Quiero que lo hagas a tu manera.

—¿A mi manera, «mi manera»?

—A tu manera.

—¿Con mis borrascas y todo?

—Con tus borrascas, tus tormentas y todo.

—¿Estás seguro?

—Gómez, lo que te salga de las narices. Si quisiera un hombre del tiempo correctito, habría buscado a un meteorólogo, pero te he llamado a ti y te estoy dando libertad absoluta. Haz ruido. Y, si alguien te pregunta por qué o te pone algún problema, le dices que son órdenes mías.

Al poco tiempo aprendí a decir una frase maravillosa: «Me lo ha pedido Ferreras». Si quería alquilar una avioneta para presentar el tiempo entre las nubes, soltaba «me lo ha pedido Ferreras» y producción protestaba, pero encontraba una avioneta y la pagaba.

Si quería contar la previsión desde mi casa, porque era invierno, hacía malísimo, no me apetecía ir a la redacción y, además, me resultaba gracioso que después de la cabecera y el patrocinio de champú, en vez aparecer yo en el plató, apareciese en mi casa, con batín, tocando el piano y diciendo: «Oh, me pillan aquí, practicando, porque hoy no hace para salir de casa», decía que me lo había pedido Ferreras y comenzaba el dispendio. Porque entonces ese tipo de conexiones se hacían por satélite, no por internet, y costaban una pasta que incluía desplazar una unidad móvil, cámaras, alquilar tramos satelitales... Sólo aquel minuto de televisión multiplicaba varias veces mi sueldo del mes. ¿Cómo no se me ocurrió echar cuentas y sospechar que mi nómina podía ser más alta?

Creo que, durante aquellos años, usé el «me lo ha pedido Ferreras» para mis caprichos más que él para los suyos. Di el tiempo con un caballero vestido con armadura medieval y un pollo de goma en la mano al lado para homenajear a los Monty Python (como si se fueran a enterar). Di el tiempo vestido de astronauta y fingiendo que estaba en el Meteosat, cuando todo era un plató croma y un rodaje falso que explicaba el año de entrenamientos que me habían permitido ser el primer periodista en viajar al espacio. También dije un montón de chorradas como apertura y cierre de mi sección. Cada día, una. Lo que me viniera en gana. Entonces pensaba: «Si no puedes ser el mejor, sé diferente». Una frase digna de una taza, pero que marcó mis primeros años en la tele. Y funcionó.

Decía cosas como: «Miren por la ventana dos segundos: uno, dos... Bien, mañana más. Podríamos terminar aquí la previsión, pero vamos a justificar el sueldo». O: «Buenas noches, si creen que la lluvia va a estropearles los planes del fin de semana, no se preocupen. Pero cambien de planes». Con esos rudimentos, dos meses después del primer día el hombre del tiempo de La Sexta ya era un personaje conocido. Salía en los programas de *zapping* de las teles y de las radios y la gente comenzaba a conocerme en los bares. Los meteorólogos ortodoxos de la tele me odiaban. Daban entrevistas en las que me llamaban payaso y cuando nos juntábamos en alguna reunión convocada por la Aemet o el ministerio me preguntaban con petulancia dónde me había formado. Yo respondía con un críptico «en Fuenlabrada» y ellos me escupían con los ojos desde su atalaya de TV3. Todo estaba sucediendo como había vaticinado Ferreras. Supongo que también empecé a volverme gilipollas.

Fundamentalmente, lo que hacía era mostrar la verdad: la previsión meteorológica no me importaba y no fingía que sí. Ahí ya tenemos algo importante para hacer televisión: no fingir. Pero ese desapego que yo sentía hacia el pronóstico del tiempo me permitió algo más importante para mi aprendizaje: hacer televisión desde la falta de respeto. En realidad, lo que yo no tenía era miedo.

Hemos llegado a algo importante para el periodismo, y creo que para el desempeño correcto de cualquier profesión, estudio o relación afectiva: la falta de miedo.

Años después, cuando entregué mi primer reportaje en *El Mundo*, una historia sobre un grupo de tiradores de cuerda cántabros llamados los Tractorudos, Javier Gómez (el otro, director entonces de *Papel*, el dominical del periódico, y la persona con la que más veces me han confundido) me llamó y me dijo: «Tío, está bien, pero no está bien. No eres tú».

Releí el reportaje y le devolví la llamada.

—Joder, Javi —le dije—, gracias. Es una basura. La he ido a meter blanda, por respeto.

—¿Meter cómo? —preguntó desconcertado. Él es de colegio privado, supongo, y eso le hace tener maneras más refinadas. De hecho, habla francés.

—Que se me ha encogido la picha. Me ha entrado el síndrome del Bernabéu —aclaré—. He salido acojonado a escribir porque era *El Mundo*. Es como si... hubiera querido hacer lo correcto.

Y lo correcto es un aburrimiento. Nadie se enamora del hombre correcto, ni de la mujer correcta, ni quiere leer el reportaje correcto, ni ver el documental correcto, ni tener el sueldo correcto. Lo que queremos, al ver la tele, abrir el periódico, entrar en un bar o al comprobar nuestro extracto bancario, es ser seducidos.

Yo creo que escribir es seducir. Y escribir para televisión es seducir en la guerra. En general, toda la industria de las pantallas (el cine, la tele, los periódicos, las radios o las redes sociales) compite por el tiempo de la gente. Hay grandes diferencias en las naturalezas, funciones y vocaciones de esta lista de rivales que acabo de enumerar y que podría ser mucho más extensa, pero tienen una base ineludible en común: para existir, necesitan que alguien las mire o escuche. Y existirán más cuanta más gente las mire durante más tiempo. Y, cuanto mayores sean esos dos indicadores (tiempo y espectadores), más rentables serán esas actividades.

Algunos periodistas se niegan a analizar los datos de audiencia. Creen en un tipo de pureza que prefiere no saber. Es posible que ignorar cuándo son más o menos leídos, comentados o compartidos, o en qué momento pierden al espectador, les haga ejercer la profesión de una forma más pura, ajena a artificios. Creo sinceramente que a algunos colegas les funciona bien eso, pero yo no pertenezco a ese grupo. Yo creo que me ha hecho mejor periodista analizar los datos e intentar comprender por qué subía el número de espectadores o por qué bajaba. Qué provocaba adhesión y qué rechazo. Qué hacía que yo y mis equipos siguiéramos teniendo trabajo y qué podía mandarnos a la calle.

Yo creo que el mayor problema que tiene el periodismo (si es periodismo, es decir: ni manipula, ni miente) son los aburridistas.

¿Quiénes son los aburridistas? Los periodistas que escriben con presunción de importancia. Siempre inmaculados, siempre irreprochables y siempre correctos, los aburridistas escriben convencidos de que lo que tienen que contar es tan importante que la gente los va a escuchar porque sí. Se olvidan de que hay que seducir. De que la forma importa tanto como el fondo.

A mí, como espectador, me puedes estar diciendo que el Banco Central Europeo va a subir los tipos de interés y que voy a pagar doscientos euros más al mes de hipoteca, pero, si no me lo cuentas bien, voy a cambiar de canal o voy a poner Disney+, pensando: ya me enteraré más tarde. Y es probable que ésa, en realidad, sea la última vez que paso por tu medio de comunicación.

Yo descubrí el aburridismo siendo aburridista. Además, me sucedió con un tipo de información con la que nunca supe dejar de serlo: la crisis climática.

En televisión, la crisis climática (entonces llamada «cambio climático», en uno de los mayores goles que han metido los negacionistas) tenía un problema: la gente cambiaba de canal. En realidad, eso decía que el problema lo tenía yo, no la información. Si otros lograban un 25 por ciento de audiencia hablando de prótesis mamarias recién implantadas en un cuerpo famoso o del divorcio del hijo de una cantante y yo no era capaz de retener espectadores hablando de la mayor catástrofe medioambiental de origen antropológico habida nunca en este planeta, es que había algo que yo no estaba haciendo bien. La cuestión era qué.

Entre los años 2006 y 2010 me obsesioné con esa pregunta. Yo había descubierto que tenía entre manos el tema más importante de la actualidad. Por la política climática, además de lo puramente medioambiental, pasan los flujos migratorios, la política energética, la industrial, el futuro de la Unión Europea, las sequías, las hambrunas, la especulación del mercado con alimentos básicos, la desigualdad y la pobreza, la agricultura de la Unión Europea y su independencia alimentaria, el futuro del transporte privado y del urbanismo, los cambios de consumo y hasta las políticas de salud pública. Es decir, todo. Hablar de calentamiento global era hablar de política en la dimensión más profunda del término. Sólo había un problema: no le importaba a casi nadie.

Al principio era lógico. En mis piezas se veía a unos osos polares a la deriva sobre un cascote de hielo, glaciares fundiéndose, se hablaba de cosas como el aumento de la acidez del agua marina, del avance de la desertización, de la subida del nivel del mar... Informe tras informe del IPCC, decía lo mismo: nos estamos cargando el planeta. Pero la gente miraba por la ventana y el planeta seguía ahí. Anunciábamos un apocalipsis que, no es que no llegase, es que llegaba tan despacio que la gente perdía el interés. Y yo, contándolo con la solemnidad doliente con la que lo contaba, era la cima del aburridismo.

Los años pasaban y yo probaba de todo. Abandoné el enfoque fatalista, traté de ser didáctico, divertido y hasta esperanzador, rastreando científicos por todo el mundo que trabajaban en soluciones contra la acumulación de gases de efecto invernadero, diferentes tipos de energías limpias o modos de transporte revolucionarios y ciudades sostenibles. Y, sin embargo, nada. A la audiencia aquello le seguía resbalando. Para mí, llegados a ese momento, la crisis climática ya no era una cuestión medioambiental, se había transformado en algo mucho más serio: una obsesión televisiva. Y yo con las obsesiones televisivas puedo llegar a hacerme mucho daño.

En la Cumbre Mundial del Clima de 2009 empecé a comprender por qué nunca le iba a encontrar la solución a tanta indiferencia. Aquella cumbre no era una más. Los informes de la ONU no podían ser más rotundos y de verdad había en el aire un «ahora o nunca» que parecía suficiente como para arrinconar a los presidentes y primeros ministros que tenían el poder de alcanzar un compromiso de reducción de emisiones y ponerle fecha. Y estaban todos: Obama, Wen Jiabao, Merkel, Lula da Silva, Hugo Chávez, Nicolas Sarkozy, Gordon Brown... No eran sólo los jefes del mundo. Eran unos jefes del mundo con pinta de titulares, no de suplentes. Si era posible llegar a un acuerdo ambicioso para evitar que la temperatura media del planeta subiese por encima de los dos grados centígrados, aquél era el momento señalado por la Historia.

Cerca del final de la cumbre, cuando las negociaciones ya se extendían durante noches enteras y Angela Merkel trataba de tirar de un carro al que no se querían subir, principalmente y por distintos motivos, Estados Unidos, China, Rusia o la India, me di cuenta de por qué aquella información no funcionaba.

Fue en unas declaraciones que nos hizo el primer ministro de Tuvalu, Apisai Ielemia. El discurso que pronunció aquel año en Naciones Unidas aún puede leerse en internet y fue un pequeño hito en el mundillo. Dentro de aquel panorama de proyecciones climáticas, negociaciones de mercado de emisiones y cumbres bilaterales, Ielemia habló como el portavoz de un pueblo que está siendo víctima de una guerra. Ielemia habló desde debajo de un bombardeo.

«El efecto del cambio climático es una amenaza sin precedentes para nuestra nación. Se trata de una violación de nuestros derechos fundamentales a la nacionalidad y a la condición de Estado contemplados en la Declaración Universal de los Derechos Humanos y otras convenciones internacionales», dijo.

No fue el único. Él, el presidente de Kiribati, el de las Islas Marshall, el de Tuvalu o Mohamed Nasheed, presidente de Maldivas y una de las estrellas de aquella cumbre, desplegaron una actividad frenética aquellos días. Sus naciones, todas insulares, todas en el Pacífico, todas con sus puntos más altos de sus geografías a pocos metros sobre el nivel del mar, se jugaban la supervivencia aquella semana. No negociaban toneladas de dióxido de carbono, se jugaban la existencia de sus territorios. Negociaban volver a su casa y enfrentarse a una pregunta muy sencilla: ¿vamos a seguir teniendo donde vivir?

Y, mientras Obama y Wen Jiabao trataban de alcanzar un acuerdo de mínimos a puerta cerrada en una reunión bilateral, Europa aceptaba su irrelevancia y los periodistas mirábamos el reloj preguntándonos a qué hora podríamos titular con el fracaso de la cumbre, aquellos hombres iban y venían sin parar de una televisión a otra, de un set a otro, de micro en micro, anunciando su desesperación. Y, claro, escuchándolos a ellos, televisivamente, sucedió el milagro: el calentamiento global empezó a funcionar.

¿Por qué? ¿Estaban contando algo que no supiéramos? ¿Se había olvidado Naciones Unidas de decirnos qué les iba a suceder a los territorios insulares del Pacífico? No. Pero esos hombres tenían algo que no tenían los informes: emoción.

Un oso da pena, pero no deja de ser un oso y la pena penetra lo justo. En el rostro de aquellos políticos había desesperación, injusticia, urgencia, vulnerabilidad, dolor y, sobre todo, verdad. Eran como el oso, víctimas en presente, pero, además, eran de nuestra especie. Así que empatizamos con ellos un poco más de tiempo. Lamentablemente, no mucho. ¿Por qué? Por lo que nos aleja siempre de sentir lo que sienten otros: la distancia. Y a esos presidentes desesperados les pillaban, como le pillan a la crisis climática, tres distancias que yo no tuve el talento de salvar.

La primera es geográfica: los efectos de esta crisis suceden de forma más grave en sitios que están lejos. La segunda es de clase: les afecta más a naciones pobres y a los pobres las desgracias se les dan por supuestas. La tercera distancia es de tiempo: no resulta fácil darle prioridad a algo que ni se soluciona en el momento, ni va a ser un problema de verdad imposible de dejar de ver hasta dentro de unos años. Ahora tenemos inviernos más cálidos, más sequías, más incendios, problemas agrícolas..., pero nuestro país no desaparece debajo del océano.

Al poco de volver de Copenhague, le pregunté a Ferreras por qué creía él que la información climática era televisivamente un tema tan perdedor. Su respuesta fue muy clara: «Porque estamos programados para el ahora y al cambio climático siempre se le cuela algo más urgente».

—¿Más urgente? ¿Qué coño hay que sea más urgente? —pregunté condicionado por todos aquellos informes que leía.

—Racionalmente, puede que nada. Pero nos movemos por emociones. Y necesidades. Ve a la bahía de Cádiz, 28 % de paro, y pregunta cuáles son los problemas urgentes.

Estaba claro que nadie iba a responder a esa pregunta diciendo que la desaparición de la Barrera de Coral australiana. Además, si era honesto conmigo mismo, la Barrera de Coral o la acidificación del océano tampoco eran mis principales preocupaciones ni figuraban entre mis ambiciones como periodista. La crisis climática era muy importante, pero para mí también era, en el fondo, un aburrimiento. Quizá por eso nunca logré emocionar con ella. Y, en el periodismo, como en la ficción, como en la vida, si no emocionas no comunicas.

Además, con la información medioambiental, yo no era capaz de llenar un depósito del que vivimos mucho los malos periodistas y que yo tenía bastante golpeado a cuenta de ser hombre del tiempo: el ego.

Los periodistas queremos estar en el centro de la actualidad. Y era el año 2010. Lehman había caído en el verano de 2008 y todos los tejidos sociales, económicos y políticos de Europa se estaban rasgando. En mayo de aquel año, Zapatero congeló las pensiones y redujo el sueldo de los funcionarios. Fueron las primeras grietas. Estábamos viviendo una crisis superior a todo lo que habíamos conocido; un acontecimiento generacional que dividiría el mundo en dos. Hasta aquí, lo conocido. De ahora en adelante, la incógnita.

Esa incógnita, la recolocación de fuerzas del orden mundial que vendría después de la caída de Lehman y el desencanto en el que se sumieron las democracias liberales, aún no se ha resuelto. Pero yo tenía muy claro que quería tomarle el pulso a eso y no a los anticiclones ni a los mapas llenos de símbolos de lluvia, viento o sol.

Después del verano de 2010 colapsé. Un día terminé de dar la previsión y salí corriendo al baño a vomitar. Pudo ser casualidad o el café de la máquina, pero yo vi en aquella reacción de mi cuerpo el asco que me daba a mí mismo. Me odiaba. Nicolas Sarkozy había dicho que había que reformar el capitalismo y yo estaba allí, en el jardín de infancia de las isobaras. No lo soportaba ni un minuto más. Necesitaba irme, no volver a ser maquillado en la vida. Pero, sobre todo, escapar. Salí de aquel baño con la decisión tomada. Al día siguiente, domingo, se la comuniqué al director de informativos, César González Antón.

—Hoy es mi último día, César. Ya no lo aguanto más.

—¿Qué dices?

—Que no quiero volver a ver un mapa en mi vida. Esta noche me despido, y lo voy a hacer en directo, para que no haya marcha atrás.

—¿Y si no hay otro sitio para ti?

—Me da igual.

—¿Te vas a poner a buscar trabajo ahora, que están echando a gente en todas partes?

—No quiero trabajar. Me voy a Argentina.

—¿A Argentina a qué?

—A escribir y a viajar. Luego ya veré.

—¿Has comprado los billetes?

—No.

—No los compres. Despídete, pero dame unos días, que igual sale una cosa y, si sale, voy a intentar que estés.

—No quiero nada, César.

—Dame sólo tres días. Hasta el miércoles. Si el miércoles no te llamo, te compras los billetes.

Nos dimos la mano y esa noche de domingo dejé de ser presentador del tiempo. Conduje a casa como si dejase atrás una piel de cemento. La libertad es marcharse de sitios. La inteligencia, hacerlo antes de colapsar. A mí me habían sobrado tres años de tragar frustración.

El miércoles, César llamó a mi Nokia.

—Va a salir un programa nuevo. Se llama *Al Rojo Vivo*. Es política. Hay que diseñarlo. De momento estáis tú, Luis Sanabria y Julio Montes. ¿Qué te parece?

—No sé, César... Ya me he hecho a la idea de lo de Argentina. Quiero escribir una novela.

—Llevas cuatro años diciéndome que quieres hacer política. Te estoy abriendo la puerta. Y, créeme, nadie en la cadena quiere que el tío del tiempo se ponga a hablar de lo que pasa en el Congreso. Ha sentado muy mal que te despidieras en antena, sin comunicárselo a nadie.

—Te lo dije a ti.

—Nadie en la cúpula te quiere. Ahora te puedo meter, pero dentro de unos meses no va a ser tan fácil.

(El chantaje es uno de los dos motores principales del periodismo. El otro es la envidia).

—¿Y quién va a presentar ese programa? —pregunté.

—Antonio.

Silencio. Todo se recalcula. ¿Antonio García Ferreras se iba a poner delante de una cámara? Hoy es un animal televisivo, pero entonces Antonio era el tímido con más carisma que yo había conocido. Además, era un genio; una de esas pocas personas con las que te cruzas en la vida y piensas: «A éste no me lo acabo». Decir que no a trabajar con él a diario era un desperdicio. Renunciar a estar en el equipo que crease con él su programa, otro.

Además, el equipo no podía seducirme más. Luis Sanabria era el jefe de Nacional. En aquella redacción tan barata y tan joven, casi no había maestros. Luis, que llevaba veinte años haciendo tele y había cubierto Moncloa y Congreso, era uno de los fichajes traídos para ponerle cerebro a tanta hormona; también, uno de los pocos referentes que teníamos. Y era un gran referente. Un estoico en un mundo de caos, inseguridades y gritos.

El 7 de marzo de 2008 ETA asesinó a Isaías Carrasco. Carrasco era un militante socialista de Mondragón, un trabajador de las carreteras de peaje, uno de esos hombres y mujeres valientes que sujetaron la democracia en este país en los lugares en los que más difícil era hacerlo. También era militante del

PSOE. También había sido concejal. También dejó una viuda, un hijo pequeño y una hija con coraje que llamó cobardes a los terroristas en un discurso lleno de dolor el día del entierro de su padre.

Un atentado acelera una redacción como ninguna otra cosa. Era, o es, una información que hay que contrastar muy deprisa, con la que no se puede patinar ni, desde luego, se quiere ser el último. Hay que tratar de ser el primero, pero para romper la emisión todo tiene que estar sujeto. Y, al principio, siempre son informaciones confusas: es una bomba, un tiro en la nuca, es un herido, son dos muertos, hay comunicado de ETA o no, un diario digital está dando dos muertos, a mí en Interior me dicen que es uno, a mí en Intxaurrondo me aseguran que es un herido grave, parece que ha muerto en la ambulancia, quién coño está mirando la web de *Gara*... En eso se convierte una redacción con un atentado.

En aquel caso, cuando Isaías Carrasco, en plena campaña electoral por unas generales, al frente de todo ese enjambre de periodistas demasiado jóvenes, demasiado alterados y con poca experiencia, estaba Luis Sanabria. Que, a veinte minutos del informativo, se levantó con tranquilidad y salió de la redacción. Yo, que entonces era presentador del tiempo pero me sentaba a su lado, no podía creerme la imagen de su espalda avanzando hacia el ascensor, como si todo aquello no fuera con él. Sin darme cuenta, y deseando ser útil de alguna manera, salí disparado a darle caza.

—¿Adónde vas? —le pregunté.

—Al baño —respondió.

—Con la que hay liada, ¿te vas a mear?

45

—Voy a bajar, voy a orinar, voy a volver a subir y todo va a seguir estando exactamente igual que ahora.

Se fue, supongo que orinó, y regresó. Se sentó a mi lado y yo me quedé mirándolo.

—Cuando matan a alguien —me dijo—, lo único que tenemos que hacer es contarlo bien, no corriendo. Toda esta locura que hay aquí no le hace falta a nadie. Ni a nosotros, ni al asesinado, ni a los espectadores. Se pueden hacer las cosas sin dar gritos y sin montar ningún número. Y haciendo pis, si hay que hacer pis.

Después de soltarme eso, y sin mover una pestaña, Luis siguió haciendo su trabajo. Sin teatro, sin sobreactuación, sin sumar su estrés a la tensión que genera por sí solo un atentado terrorista. Luis Sanabria me enseñó la templanza.

El tercer hombre de aquel proyecto era Julio Montes. Julio tenía mi edad, veintisiete, pero ya era uno de los mejores periodistas de la cadena. Julio tiene colmillo y uno de los olfatos más afilados que he visto en una redacción. Además, mira esta profesión con los ojos correctos: los de tocar donde duele. Nunca he discutido tanto con alguien con quien esté de acuerdo en tantas cosas. Además, Julio es buena persona.

En febrero de 2021 me operaron. España estaba cerrada por la COVID y yo tenía que ir a otra ciudad a jugarme mi futuro en una operación de cadera. Por la pandemia, sólo podía autorizar a un acompañante y ese acompañante fue Julio. Al día siguiente de la operación me levanté de la cama.

—¿Adónde coño vas, man? —preguntó levantándose atropelladamente del sofá donde dormía y teletrabajaba, porque Julio es también el director de

Maldita.es, que es la fundación contra la desinformación y los bulos más importante de Europa.

—A ducharme —respondí.

—Los cojones... —dijo mientras se incorporaba.

Llegó corriendo y evitó que me cayese. Me apoyé en su hombro y repetí mi objetivo: «Voy a ducharme». Debí de decirlo tan convencido que Julio aceptó: «Vale, pero te acompaño».

—Haz lo que te salga de los cojones... —farfullé.

Logré meterme en la ducha. Julio sujetaba el gotero. Llevarme las manos al pelo fue un esfuerzo con el que no contaba y que me dejó al límite de mis fuerzas. Seguí. Cubiertas las zonas accesibles con gran sacrificio, asumí que había llegado el momento de lavarme los pies. Temiéndome lo peor fui a por ellos, porque un hombre podría renunciar a la higiene, pero no a su orgullo. Los puntos me tiraron. El abdomen, abierto por cinco entradas, se retorció. El ligamento que me habían cortado en la cadera gritó. La pelvis dijo hasta aquí hemos llegado. Y yo, desnudo y enjabonado, me quedé a medio camino, con el champú haciéndome cosas en los ojos.

—¿Es que te tienes que lavar los putos pies, tronco? —preguntó Julio.

—Claro que me tengo que lavar los pies, cojones.

—Ah, que los tienes muy sucios de estar en la cama —soltó mientras me ayudaba a erguirme.

—Me lavo los pies porque me lavo todo el cuerpo, gilipollas. Y no voy a salir de aquí sin lavarme los pies. Dame esa banqueta.

Julio no me dio la banqueta. Dijo: «Que te jodan», cogió un bote de jabón y se tiró al suelo a lavarme los pies.

—Pero ¿qué hostias haces? —protesté.

—Lavarte los putos pies, que se ve que es muy importante.

—Quítate de ahí, hostias. No quiero tener tus gafas a quince centímetros de la polla.

—Dame una patada si puedes, pedazo de anormal.

No podía. Tuve que esperar a que Julio Montes, uno de los mejores periodistas de mi generación, terminase de lavarme los pies. Después me los secó y me ayudó a secarme el resto del cuerpo. Agotado y transmutado en un gorrión que acaba de vivir una tormenta sujeto a un cable de teléfono me senté sobre el retrete.

—¿Algo más, man? —preguntó con una benevolencia que transformó aquel baño en un hogar.

—Vestirme..., si me ayudas a ponerme las medias —dije mendicante.

Sobre aquel retrete, Julio me puso unas medias de compresión blancas que los médicos habían dicho tenía que llevar puestas. Humillado, en leotardos, oliendo a limpio y sin fuerzas volví a la cama. Ese hombre es Julio Montes.

—El equipo es cojonudo, César... Pero...

—Es el mejor equipo que hay en La Sexta, Javi. Y ten una cosa en cuenta: el programa va a fracasar.

Era su mejor frase, lo sabía y se la había guardado para el final, algo que yo no aprendí a hacer hasta que empecé a escribir guiones.

—¿Seguro? —pregunté.

—Claro. ¿Cuándo nos ha funcionado a nosotros la política?

—En la vida.

—Emitiremos dos meses, tres, haremos mal dato y lo cancelarán. Entre que se diseña, se emite y fracasa, en seis meses te estás yendo a Argentina, pero ya no serás el del tiempo. No pierdes nada, joder. Y limpias tu imagen.

Volver a ser considerado periodista: no había nada con lo que se me pudiera manipular de forma más eficaz. Ofrecerme un fracaso también ayudó. Por un lado, era liberador. Por otro, le añadía un elemento fundamental para que me sedujera el proyecto: épica. Si todos esperaban un siniestro total, hacerlo funcionar empezaba a sonar divertido.

Y funcionó. Hoy, doce años después, no es que *Al Rojo Vivo* haya sobrevivido, es que es el programa más importante de La Sexta. ¿Hicimos algo especialmente diferente a las tertulias anteriores de la cadena? En gran medida no. ¿Qué nos salvó, entonces? El mismo ingrediente que vendría a salvar, años más tarde, *La casa de papel*: una mezcla de esfuerzo con casualidad. Porque en la tele hay que darlo todo, estudiar a la competencia, tratar de superarla, soñar con hundirla, trabajar más que nadie y, además, tener algo de suerte. *ARV* sobrevivió, igual que la serie, por donde no habíamos previsto: las circunstancias y el consumo cambiaron y coincidió que nosotros estábamos allí, fracasando como perros desde que empezó el programa, pero preparados para coger la ola si la ola llegaba. Y llegó.

Fue el domingo 15 de mayo de 2011. En varias ciudades españolas se convocaron manifestaciones; compartían hora, compartían grito y compartían emoción: estaban indignados.

Para mí, la primera noticia de aquel día fue que los medios no habíamos sido capaces de leer la importancia de lo que estaba palpitando debajo de esa convocatoria. De hecho, aquel fin de semana estuvimos más pendientes de Strauss-Kahn y su detención por violación en Nueva York que de las manifestaciones. Pero la gente sí se enteró y salió a la calle de forma masiva. Fue la primera vez que las redes sociales leyeron un acontecimiento mejor que los periodistas. ¿Por qué? Porque no había precedentes. Nos la comimos porque detrás no había ningún partido político, ni sindicatos, ni nadie a quien nosotros diéramos valor. Eran plataformas ciudadanas. ¿Qué? *Democracia Real Ya, No les Votes, Juventud sin Futuro, Plataforma por una Vivienda Digna*... Pero ¿esos van a movilizar a mucha gente? No sé, pero puede que se líe. ¿A qué partido pertenecen? A ninguno. ¿Y quién manda ahí? Nadie. Bueno, pues que lo cubran las agencias.

Las manifestaciones se contaron, pero lo justo. Estábamos a una semana de unas elecciones locales y autonómicas, y aquello se reportó como una nota de color que ilustraba el enfado ciudadano.

De todos modos, informativamente todavía no había pasado nada reseñable en realidad. Manifestaciones, dos tíos en Madrid que prenden fuego a un contenedor, la policía detiene a dieciocho personas, la manifestación se disuelve y todo el mundo se va a casa. Aquello no es que no fuera noticia, es que casi era paisaje. El titular de *El Mundo* del día siguiente habría valido para informar sobre una concentración de solteros: «Miles de personas citadas por internet corean "No les votes"».

La noticia sucedió después. En el mismo momento en el que alguien estaba escribiendo ese titular de *El Mundo* para cerrar la edición, el texto se estaba quedando viejo. Sobre las doce de la noche, cuando los periodistas nos habíamos ido a casa, varios grupos de manifestantes seguían pululando entre Callao, Lavapiés y la Puerta del Sol. En total eran unos cuarenta, es decir, nadie, pero tenían la sensación de que aquella tarde no había sido suficiente. En el aire estaban la plaza Tahrir y la Primavera Árabe.

Decidieron quedarse. Fue en plena calle, a la vista de cualquiera, pero sin nadie que mirase. El momento está documentado porque lo grabaron ellos mismos. Mario García, un estudiante de doctorado de Químicas, con un megáfono, propone quedarse a dormir. Alguien abre una cuenta en Twitter llamada @acampadasol. La policía está a punto de desalojarlos aquella noche. Habría sido fácil, pero dos mujeres, una de ellas abogada, y las dos con vocación de que sus nombres no trasciendan, se acercaron a ellos sonrientes y aparentemente cándidas, «con nuestra mejor sonrisa». Les dijeron que nadie iba a beber alcohol, que no pensaban hacer nada que estuviera en contra de la normativa y que no mancharían el suelo.

¡Argumentaron que no harían un botellón para cambiar la agenda de la política española! Aquel día empezó a romperse el bipartidismo y sólo tuvieron que decir que no pensaban emborracharse. Una genialidad.

A la mañana siguiente, el 16, comenzaron a llegar periodistas. Sobre todo, teles de derechas frotándose las manos con una manifestación de lo que les parecían individuos de izquierdas en la España de

Zapatero. El día 16 transcurre así: unas decenas de personas sostienen aquella extrañeza, mientras van y vienen de trabajar o de clase. Es la noche siguiente cuando una imagen y su difusión inmediata por redes sociales —algo que estábamos empezando a dimensionar— lo cambian todo.

A las cinco de la mañana del día 17, la policía nacional desaloja la plaza. Los vídeos de ese operativo actúan como convocatoria. Como dice el periodista Juanlu Sánchez, que hizo una de las mejores coberturas de aquellos días, «el 15M comenzó, en realidad, el día 17».

La madrugada del 17, cuando el desalojo, había unas trescientas personas durmiendo en Sol. La noche siguiente eran diez mil. El jueves, la Junta Electoral Central declaró ilegal la concentración. La noche del viernes durmieron en Sol, según cifras oficiales, veintiocho mil personas.

Esos acontecimientos fueron la casualidad que salvó nuestro programa. Gracias a aquella acampada estaban sucediendo cosas a la hora en la que emitíamos (las doce de la noche). Además, podíamos contarlo sin las prisas de los informativos. Podíamos pararnos y escuchar a esos chavales de las plazas españolas. Y *Al Rojo Vivo*, que entonces era una tertulia condenada a hablar de la actualidad en pretérito porque todo había sucedido durante el día, se transformó en un programa de actualidad en gerundio. Con la cobertura que hizo Inés García de aquellas noches en Sol, el programa conquistó el directo para no volver al reposo nunca. Tanto fue así que la temporada siguiente empezamos a emitir por la mañana, que es cuando suceden las cosas.

El directo, además de conectar mejor con el espectador, se enchufaba como un cañón al alma del proyecto, Antonio García Ferreras. La maquinaria se puso en marcha. La mesa, el tempo, la escaleta y el hombre se habían sincronizado. No hay televisión sin personalidad y la personalidad siempre es la de un sujeto. El programa empezó a ser, exactamente, lo que tenía que ser: Antonio.

Además, éramos una redacción diseñada para aquel país. La mayoría éramos jóvenes, como los chavales de la plaza. Condenados a compartir piso, como los chavales de la plaza. Y estábamos, como los chavales de plaza, viendo a nuestros compañeros de universidad y amigos de la infancia irse a trabajar a otros países porque el suyo les estaba pegando una patada.

César me explicó una vez que las redacciones tienen que parecerse sociológicamente al país al que le hablan. Nuestra redacción era un ejemplo de eso; la extracción social, ideológica y geográfica de *La Sexta Noticias* representaba bien al país al que se dirigía. Creo que ésa fue una de las razones por las que, mientras el resto de las redacciones despedían a periodistas, *La Sexta Noticias* multiplicó su plantilla por tres y ocupó, con nuevas producciones, casi toda la parrilla del canal. Perdido el deporte y con el entretenimiento en fuga hacia nuevas formas de consumo, el periodismo sujetó a la cadena.

En aquella época empezaron *La Sexta Noche*, *Más Vale Tarde* y mi programa, que se llamó *La Sexta Columna* y que empezó, como todo y como siempre, con una llamada de César y la promesa de un fracaso.

—Javi, tengo una idea —dijo—. Estoy pensando en hacer un docu sobre el 15M.

—¿Un docu? ¿Cuándo nos han funcionado a nosotros los docus, César?

—Ya, tío, pero en un mes se cumplen seis meses del 15M y creo que se podría montar algo. Qué más da que no funcione. A mí me apetece, ¿a ti no?

Claro que me apetecía. En el año 2011 había un desastre por contar porque todo había pasado demasiado deprisa y de forma demasiado obscena. Los últimos años eran, además de una desgracia, un material televisivo de primera que nadie había usado todavía como conjunto. Y todo estaba ahí, esperando a ser contado.

En septiembre de 2007, Zapatero había dicho que España había entrado «en la Champions League de las economías mundiales». Tres años después, Brasil, la India, Canadá y Rusia nos habían adelantado en la clasificación de riqueza por países del Banco Mundial. No sólo había empezado a irnos mal, es que nos iba peor que a economías que creíamos superadas para siempre.

Frente a la crisis económica, el Gobierno emprendió una estrategia de comunicación, y tal vez política, consistente en negar los acontecimientos o rebajarlos tanto que acabó en la frontera que separa a los parias de los mentirosos.

Primero se dijo que nuestra economía sufría una desaceleración, después vinieron «los brotes verdes» que nunca prosperaron y Zapatero llegó a decir en septiembre de 2008, después de Lehman, con la crisis de las hipotecas basura disparadas y una banca española que había prestado nueve de cada diez euros a las familias para financiar inmuebles, que este país tenía «quizá el sistema financiero más sólido de la comunidad internacional». Una concatenación de optimismos nunca cristalizados que culminó en noviembre de 2010, cuando Alfredo Pérez Rubalcaba, portavoz del Gobierno, anunció que, a partir de aquel momento, la economía española «generaría empleo, empleo y empleo».

Ese voluntarismo gubernamental, lejos de espantar el miedo y darle credibilidad a nuestra economía, actuó como generador de frustración, porque la realidad venía siempre a contradecirlo. El sistema financiero que «quizá» era «el más sólido de la comunidad internacional» tuvo que ser rescatado con dinero público y la EPA del primer trimestre de 2011, la que siguió al anuncio de Rubalcaba de la generación desmesurada de puestos de trabajo, se disparó hasta los 4.978.300 parados, con una tasa del 21,58 %.

En cuatro años, España había perdido 2,2 millones de puestos de trabajo, más de la mitad relacionados con la construcción. Estaba claro que la crisis nos golpeaba más que a la Europa a la que nos habían dicho que nos parecíamos, porque el milagro económico español, hijo de la liberalización del suelo del Partido Popular y de la burbuja crediticia auspiciada por la banca, había sido un desastre. Pero, al otro lado del Parlamento, lo único que hacía el PP era reivindicar su gestión del año 96. Es decir, el ladrillo. Es decir, el origen de la gigantesca ola de desencanto que recorría el país.

Era increíble que no lo vieran, porque la imposibilidad del acceso a la vivienda era un asunto central para los movimientos que habían culminado en el 15M, como los ya mencionados *Juventud sin Futuro* y *Plataforma por una Vivienda Digna*. Y los datos estaban ahí, por si no querían atender a las manifestaciones: entre 1996 y 2007, el precio de la vivienda se había triplicado, pasando de 995 euros de media por metro cuadrado a 2.905. ¿Eso reivindicaba el PP? ¿Los años que se pasaron negando que hubiera burbuja inmobiliaria? Y, si el PSOE lo sabía y era capaz de señalar al modelo económico denominado «ladrillazo» como culpable de todo, ¿por qué no le había puesto freno, que para cuando estalló la burbuja llevaba cuatro años gobernando?

Miguel Sebastián, que fue director general de la Oficina Económica del Presidente del Gobierno en la primera legislatura de Zapatero, me dijo unos años después que aquello era como llegar a una fiesta donde todo el mundo está descorchando champán y bailando y apagar la música. ¿Quién quiere ser el que apaga la música?

La música siguió sonando hasta que nos desalojaron de la fiesta. En 2008 había una media de setenta y tres desahucios al día. Noventa y tres, en 2009. Ciento treinta y uno, en 2010. En 2011, cuando el 15M y el estallido de la indignación, se producían doscientos once cada veinticuatro horas, según el Consejo General del Poder Judicial. Ese mismo año, según Adicae, el rescate bancario iba por 3,7 billones de euros en la eurozona. Más enfado y el alimento perfecto para una de las líneas argumentales de la izquierda que emergería: «Se rescatan bancos, pero no se rescatan personas».

A todo ese cóctel había que añadir la corrupción. Gürtel estaba en plena explosión. Eran los años de las miles de tramas en la Comunidad Valenciana, Galicia, Madrid o Andalucía. El PP fue condenado por financiarse ilegalmente. La trama de los ERE en Andalucía traía peste a cocaína y puticlubs. Se había robado hasta en la visita del papa a Valencia. La sensación de impunidad era tan grande que, en las listas electorales para las elecciones locales y autonómicas del 22 de mayo de 2011, los partidos llevaban a cien imputados por corrupción. Cien. Uno de los lemas más coreados en las manifestaciones sucedidas el día 15 de mayo de 2011 fue «No hay pan para tanto chorizo».

Pero la impunidad seguía desvestida en su orgía de *after hour*. Francisco Camps, en el centro de mil escándalos, se hacía aplaudir cada miércoles en su entrada en las Corts Valencianes, con todo su partido puesto en pie, como el alcalde de *Amanece que no es poco*. Decía en los mítines que él iba a aguantar «como los naranjos, que, con estas heladas y estos calores, ahí están, erre que erre, produciendo naranjas. ¡Pues nosotros igual!». Y se autoproclamó «el candidato con más respaldo de la historia de las democracias occidentales». Alfonso Rus, otro imputado célebre y presidente de la Diputación Provincial de Valencia, se definía como Superman, decía que él ya era rico y que por eso no necesitaba robar y gritaba en sus mítines: «Qué cojones de consenso. ¡Consenso, ninguno! ¡Consenso, ninguno!». Y la multitud aplaudía enfervorecida.

En aquel mes de mayo había, al menos, dos Españas: la que se atascaba en las asambleas de Sol buscando una unidad casi mística y la que gritaba «no» al consenso en Valencia. Supongo que ambas eran formas de expresar el enfado. Aunque, definitivamente, no les enfadaba lo mismo.

Pero había más motivos para el malestar y más material para la recomprensión del mundo que teníamos delante. Lo que había empezado como crisis de liquidez se transformó en aquel 2011 en la mayor crisis de deuda que podíamos imaginar. Las agencias de calificación se convirtieron en agentes determinantes para nuestras decisiones políticas. La prima de riesgo, en el termómetro de nuestra miseria. Y la única receta para calmar a aquellas bocas insaciables de codicia parecía ser la contención del gasto público. Es decir, los recortes. Es decir, la erosión del estado del bienestar. Es decir, la línea de flotación de la socialdemocracia.

Pude preguntar fuera de cámara a varios ministros de Zapatero tiempo después por aquellos días. Ya no me interesaban las decisiones que habían tomado. Había pasado el tiempo suficiente y media legislatura de recortes del Partido Popular como para que las decisiones de Zapatero y su Gabinete ya no le importasen mucho a nadie. Pero a mí había algo que me interesaba especialmente y que aún me interesa. Sus emociones. Cómo se sentían aquellos días gobernando contra su programa electoral, contra su voluntad y contra su ideología.

Uno de ellos, que además era un miembro muy destacado de ese Gobierno y del PSOE, suspiró, me miró a los ojos, comprobó que ni él ni yo llevábamos el micrófono puesto y me dijo que lo que sentía era la mayor impotencia de su vida. Que, viernes tras viernes, en aquellas reuniones de La Moncloa, se sentaban en una nave de la que no tenían el control de mandos.

—Tomábamos decisiones que venían tomadas desde fuera —remató.

Por si no era suficiente, la derecha liberal europea comenzó a señalar culpables. Y los culpables de una crisis nacida en el centro del capitalismo resultamos ser los ciudadanos de Grecia, Italia, Portugal, Irlanda y España, que habíamos vivido por encima de nuestras posibilidades. La gente miraba su casa y su despensa y no terminaba de entender cómo había hecho para vivir por encima de sus posibilidades. ¿Por qué? ¿Por comprarse una casa? ¿Quién se la había financiado? ¿O eran los estados? ¿Qué había excedido, entonces, nuestras posibilidades? ¿La sanidad universal, la educación pública de calidad, el sistema de becas, las autopistas? ¿Europa no era esto? ¿Nosotros no éramos esto?

La cadena de asuntos importantes que contar tendía al infinito y la obscenidad seguía cabalgando sin bridas. Para la posteridad está ese día de marzo de 2011, cuando Carlos Fabra inaugura en Castellón un aeropuerto sin aviones ni actividad programada y recibe a sus nietos preguntándoles: «¿Os gusta el aeropuerto del abuelo?».

Ese mismo mes, a pocos kilómetros de allí, el presidente de la Región de Murcia, Ramón Luis Valcárcel, del PP, dijo que «los servicios básicos, como son la sanidad y la educación, no pueden ser soportados por el presupuesto de una región o el de una nación desde el punto de vista de lo público». La derecha española despilfarraba en obra pública mientras señalaba al copago sanitario. Y quedaba margen para la ofensa.

En julio de aquel año, el presidente de la patronal, Juan Rosell, marcó un hito en la historia del mal gusto al señalar por dónde se estaba vaciando, a su juicio, la credibilidad de nuestra economía: «A quien visita al médico abusivamente hay que decirle que basta, que se han acabado los abusos. Y, a quien se apunta al paro porque sí, habrá que decirle que no».

¿Quién no iba a querer contar todo aquello? Además, echarle encima la palabra «documental» a un periodista es como tirarle sangre al agua a un tiburón. En los segundos que había durado la llamada, yo había pasado de no querer oír hablar de más trabajo a no soportar la idea de que nadie pusiera sus manos sobre aquel programa. Sentí que yo era la persona para ese cometido. Podía recitar de memoria lo que nos había llevado al 15 de mayo y con ese material preparar una bomba que conectase con la emoción del espectador. Sentí cómo recorría mi cuerpo la intuición de que se podía montar algo importante en lo social, hiriente en lo político y que la gente quisiera ver. Había que encontrar un tono nuevo, rompedor, capaz de competir en términos periodísticos con cualquier publicación seria y en términos de entretenimiento con el mejor programa de Telecinco, que eran la competencia y los que de verdad iban a determinar mi dato. Se me encendió la ambición. Me sentí ungido. Ya no pude pensar en otra cosa.

A los dos días estaba convenciendo a gente de que podían tirarme a un *prime time* con un documental de política, sin muñeco y con un coste de producción bajo. Era un vendedor de crecepelo en el Oeste, pero tenía tal entusiasmo que nadie se daba cuenta. Cuando se convencieron de que aquello saldría bien fui consciente de que no tenía la menor idea de cómo hacerlo. Y, claro, empezó el desastre.

Teníamos cinco semanas para montar el programa. Rubén Regalado haría las entrevistas, Julio Montes bucearía en el archivo y vendría con las manos llenas de perlas, y yo escribiría, locutaría y dirigiría aquello. Los tres íbamos montando y pasándoselo a Sergio Hontanilla, que se encargó de la realización junto con Mario González Matallanos y José Manuel Cabrera. Ángel Rodríguez haría los grafismos. No se podía hacer más televisión con menos gente. En España, la innovación siempre empieza por el mismo sitio: ¿cómo podemos hacer esto con menos dinero? La respuesta también se repite: dejándonos la salud. Y ahí fuimos.

Pasó una semana y yo no había escrito un minuto. Pasaron dos semanas y yo no había escrito un minuto. Pasaron tres semanas y yo no había escrito un minuto. Realización empezó a impacientarse. Grafismo también. Si no tenían material ya, no podían trabajar.

Yo me sentaba a montar, locutaba, le daba un *play* a aquello y veía cosas que me parecían documentales de Televisión Española, no de La Sexta. No era un buen síntoma, porque cada canal debe tener su lenguaje. Cuando sabes en qué tele estás sin mirar la mosca es que hay posibilidades de que el programa esté bien hecho. Y yo tenía que averiguar qué carajo era un documental de La Sexta.

Durante la cuarta semana, con casi todas las entrevistas hechas, tampoco fui capaz de escribir nada. Se multiplicaron las reuniones. Los jefes presionaban y yo sólo podía decir una cosa.

—Todavía no he encontrado el tono.

—¡Escribe lo que sea!

—No voy a escribir una mierda.

—¡O empezáis a pasarle minutos a realización o no llegamos!

Para entonces, yo ya llevaba semanas durmiendo dos o tres horas al día, así que no podía importarme menos que realización fuera a pasar una semana de aprieto. A cinco días de la emisión, escribí cuarenta y cinco segundos que me gustaron. César González y Álvaro Rivas, que dirigía los informativos con César, bajaron a última hora de esa tarde a tomarle la medida al desastre. «Tranquilos. Tengo el documental», dije.

Le di un *play*.

—Pero esto son cuarenta y cinco segundos de dos viejas en Sol gritando, Javi —respondió César.

—Sí, pero escucha el *off*. Tengo el tono del programa. Ya sólo hay que escribirlo.

César fue a añadir algo más, pero Álvaro, que siempre me ha entendido, lo detuvo, le clavó su mirada seductora de miope que sabe que es guapo y le dijo: «César, tranquilo, que ya lo tiene».

Si Álvaro creía en ello, yo también. Al momento le pedí a un realizador que montase las mejores hostias de la policía a los manifestantes con «Mambo No. Five», lo contaríamos como si fuera el concurso de mates de la NBA. *Play*. Aquello iba solo. Allí estaba el tono. Eso no lo hacía nadie. Pertrechados de datos e información como si fuéramos *The Economist*, podíamos lanzarnos en tromba a ser duros e irreverentes. Sólo si nos pesaba la mano en el periodismo podíamos tener los pies ligeros para el entretenimiento. Daríamos hostias sin parar y les resultaríamos hasta graciosos. Ya teníamos todo lo necesario para no ser aburridistas. Una vez más, lo único que había que quitarse de encima para hacer bien el trabajo era el miedo. El miedo que te arrincona para que trates de hacer lo correcto y te impide hacer lo más importante: algo verdaderamente tuyo, algo nuevo, algo que transite por donde nadie ha transitado todavía.

El documental sobre el 15M funcionó muy bien. Tanto, que César volvió a llamar. ¿Y si hacéis uno sobre Urdangarin?

—No jodas, César. Estamos muertos.

—Sólo uno. El tema mola. Y así lo probamos en el *prime* de los viernes.

El *prime time* de los viernes (la hora de cenar y lo que sigue) era una franja maldita en La Sexta, tanto que, en vez de franja, lo llamábamos la «zanja». Nunca había funcionado nada ahí. Confiados en que esto tampoco lo haría hicimos un programa convencidos de que sería el último esfuerzo. En tres semanas haríamos horas extra para irnos un mes de vacaciones y a correr. Se emitió el 30 de diciembre de 2011 y reventó el audímetro. Ya sólo había que ponerle un nombre. Estuvo a punto de llamarse *El Partisano*, pero, finalmente, se quedó con *La Sexta Columna*. Y ahí sigue, viva.

Para escribir esto he vuelto a ver algunos programas. Aquella *Columna* era hija de su tiempo. Va a un ritmo muy rápido. Hoy, con acierto, la han hecho más lenta. Por un lado ha subido la edad media del espectador. Por otro, aquello que hacíamos nosotros era una demencia. Un bombardeo. Una metralleta. Visto hoy, parece todo un sumario. Era un programa pensado para no pestañear. Pero en aquella España nadie tenía tiempo para cerrar los ojos.

Lo malo de montar un programa a ese ritmo es que hay que tener muy buenos entrevistados, que sepan ser concisos y puedan expresar una idea en muy poco tiempo. Esto no suele ser habitual, así que grabábamos muchos minutos para poder extraer después el destilado que pretendíamos. Si un programa normal graba o descarga del archivo diez minutos por cada minuto de emisión, nosotros teníamos una ratio de cien minutos grabados por cada uno emitido. O ciento cincuenta, dependía de la semana. En resumen, hacíamos entre veinte y treinta entrevistas de más de una hora para cuarenta y cinco o cincuenta minutos de programa. Además había mucho *off* y mucho archivo. Es decir, esas, pongamos, treinta horas de entrevistas acababan ocupando unos veinte minutos de emisión. Esos minutos, troceados segundo a segundo, se vendían muy caros. Había que ser muy bueno hablando para entrar ahí. Y empezamos a tener agujeros alarmantes por la izquierda.

Era demencial. El PP había ganado las elecciones y gobernaba, pero sólo encontrábamos buenos entrevistados de derechas. Ahí sobraban economistas, políticos, analistas y periodistas que resolvieran en una frase. Pero en la izquierda había un vacío terrible. El PSOE acababa de gobernar y se estaba reconstruyendo, su deserción era explicable. Pero dónde carajo estaba Izquierda Unida.

Un día, revisando un bloque, me di cuenta de que no había ni una intervención de Alberto Garzón, ya entonces llamado a ser el futuro de la coalición y, más o menos, de mi misma edad. Es decir, si a mí me había dado tiempo a dirigir aquel programa, a él le había dado tiempo a aprender a hablar para la televisión.

—¿Por qué coño no hay totales de Garzón en este bloque? —grité.

—La entrevista es mala de cojones —respondió Rubén Regalado desde su mesa. Malas noticias; si lo decía Rubén había muchas posibilidades de que fuese cierto.

—No puede ser. Estuvieron hora y media, algo decente habrá.

—No, que la he cortado yo.

—No me jodas, Rubén, que es un programa sobre la banca. Lo tiene a huevo.

—Mírala si quieres.

Vi la entrevista a doble velocidad y ni aun así cogía ritmo. Podía ser que lo que decía Garzón estuviera cargado de sensatez, y hasta que tuviera razón, no lo sé. Pero lo que sí tenía claro era que, para cuando terminase de decirlo, no iba a quedar nadie viendo la televisión.

Me enfadé como un mono. ¿Cómo era posible que nadie a la izquierda del Partido Socialista tuviera un buen discurso? Luego decían que los silenciábamos, pero los únicos que aguantaban discursivamente eran Julio Anguita (al que se podía estar escuchando el tiempo que fuera sin que decayera el interés ni el ritmo) y Cayo Lara, al que su departamento de prensa se negaba a ponerme si no hablaba en el programa una figura equivalente del PSOE.

—¿Me estás diciendo que no me pones a Cayo Lara si no está Rubalcaba?

—Exactamente.

No se podía ser más torpe. Todos los votantes de izquierdas sin papeleta definida viendo nuestro programa e Izquierda Unida cogiéndose la picha con papel de fumar.

—¿Rubén, puedes venir un momento? —pregunté.

Rubén vino. Él era, y sigue siendo, una parte esencial de la creación del programa. De las conversaciones con Rubén Regalado salían siempre las decisiones importantes. Además, a fuerza de trabajar juntos más de dieciséis horas todos los días nos conocíamos muy bien. Puede que no viéramos a nuestras familias, pero sí las evocábamos. Así que yo estaba al tanto de los pormenores biográficos de su mujer, Arantxa.

—Arantxa estudió Políticas en la Complutense, ¿no? —le pregunté.

—Sí.

—¿Nos podría pasar un listado de profesores de izquierdas que hablen bien? Me da igual que no sean conocidos, los que mejor comuniquen, gente que parezca que tiene sangre en las venas. Está España yéndose al carajo y nosotros aquí, acariciando gatitos.

Una hora después teníamos la lista. Había casi una decena de nombres. Los rastreamos en YouTube y nos pasamos aquella mañana viendo clases y charlas suyas. Seleccionamos a dos, los que hablaban con más pasión. Sus nombres eran: Juan Carlos Monedero y Pablo Iglesias.

Empezamos por Monedero. El equipo que vino de su entrevista llegó entusiasmado. Además les dio el nombre de otro tipo al que nos aconsejaba entrevistar. Hoy parece increíble, pero aquel nombre extra era Íñigo Errejón. De la entrevista de Monedero nos valía todo. Por fin, alguien hablaba con garra desde ese costado del discurso. Los datos lo demostraron. Cada vez que hablaba él, la curva subía. Habíamos encontrado el camino.

Después metimos a Errejón, que discursivamente iba muy bien, pero en el año 2012 todavía parecía demasiado joven como para ponerse tan serio.

Al que mejor pinta tenía, Pablo Iglesias, lo guardamos para el siguiente programa, uno de los más importantes de la temporada, que analizaría el primer año de Rajoy en La Moncloa. A Pablo Iglesias ya lo tenía controlado, porque presentaba *La Tuerka* en Tele K Vallecas. Cuando trabajas en una tertulia como *Al Rojo Vivo* te pasas la vida buscando potenciales tertulianos. Él llevaba tiempo siendo uno de ellos. Yo lo había tenido en varias listas y no fui el único. César González, Julio Montes y yo habíamos hablado un par de veces para llevarlo a *Al Rojo Vivo*. Pero no salió. Además, *La Sexta Columna* era un lugar mejor para probar a nuevas caras. No íbamos en directo, así que no pasaba nada si grabábamos a alguien y se ponía nervioso, o era difuso, o le imponían las cámaras.

Lo habríamos emitido todo. Los totales de aquel profesor de universidad con coleta se montaban solos, una de esas entrevistas que te salvan un programa. Era el tipo perfecto para expresarse en la emoción del momento. Era contundente, tenía ritmo y su enfado desprendía magnetismo. Hablaba como si rapease. Reventó el audímetro. De ahí pasó a *La Sexta Noche* y a *Cintora*. Fue su explosión. El resto de la historia es conocida.

Aunque yo no me enteré. Cuando vi que había obtenido representación en el Parlamento Europeo, año y medio después de aquella primera entrevista, ni siquiera lo reconocí. Mi móvil se había llenado de mensajes de compañeros que me decían: «La que has liado, Gómez». Y: «¿Cómo estás?». Todo el mundo añadía esa pregunta porque yo estaba mal. Después de dos años dirigiendo *La Sexta Columna* reventé. Había trabajado siete días por semana, siempre más de dieciséis horas y todas las semanas más de veinticuatro horas el día previo a la emisión. Sin cocaína, que fue lo que me preguntaban siempre los médicos.

Mi único combustible era la obsesión. Vivía dentro de ella. Saltaba de un problema sin solución al siguiente. Me pasaba el día resucitando. Soñaba con el programa. Me despertaba habiendo tenido ideas. Siempre había tres programas en marcha: el que se emitiría en dos semanas, en preproducción, estructurándose y documentándose; el de la semana siguiente, en grabación, con veinte o treinta entrevistas por toda España que había que perfilar pregunta a pregunta y grabaciones especiales aquí y allá, y el de la semana en curso, escribiéndose y montándose.

Éramos un equipo, pero yo estaba al principio, en mitad y al final de todo. Delegar no era algo que no supiera hacer, es que no me interesaba en absoluto. Aquello era mío y no tenía ganas de repartirlo. Dedicaba las mañanas al primer programa, el que se emitiría al cabo de dos semanas. Había que inventarlo: decidir un tema, estructurar los bloques de contenido, analizar, buscar enfoques y lecturas... Después de comer me metía en el programa de la semana siguiente, que era una fuente inagotable de problemas derivados de grabaciones, entrevistados, cues tlonarios, viajes, equipos en movimiento, animaciones gráficas que había que ir encargando y escribiendo y miles de reajustes estructurales y temáticos porque nos íbamos amoldando a las respuestas de los entrevistados. A partir de las siete u ocho de la tarde, pasaba al programa que se emitía esa semana. El equipo se había ido a casa y yo revisaba lo que habían montado y escrito cinco personas durante el día. Remontaba y reescribía todo, escogía músicas, las probaba... Cambiaba y cambiaba hasta que el programa se ajustaba con exactitud a lo que yo quería que fuese. A las tres o las cuatro de la madrugada me iba a casa. A las nueve de la mañana del día siguiente estaba otra vez en la tele.

Nunca en mi vida había experimentado tanta energía. Sentía que tenía una misión. España vivía la crisis que marcaría a mi generación y yo estaba ahí para contarla. El programa no paraba de crecer, cada día les importábamos más a políticos y empresarios. Éramos lo más afilado de la televisión. Y dejé de sentir que aquello era mío y empecé a sentir que aquello era yo. Tenía el poder. Yo. El primer yo gigantesco que se me cruzó en la vida iba a golpearme. Yo, el gilipollas que había presentado el tiempo, el mequetrefe al que tanto había odiado, les había dado un giro a los acontecimientos y antes de cumplir los treinta tenía un *prime time* de política donde se emitía lo que él decía, como él decía y atacando a quien él decidía. Se generó una burbuja y yo flotaba en ella. Mis jefes nunca revisaron un texto. Yo les contaba de qué iba el programa, pero no leían nada. Lo veían en emisión. Cada viernes, una moneda al aire. Cada viernes, la adrenalina de que saliera cara. Cada viernes, la adicción a aquella explosión de ego.

Y, claro, reventé. Dos años después llegó un día en el que no pude levantarme de la cama. El viaje había empezado como una recompensa de ego, pero estaba terminando en escarnio. Aquellos años en los que dirigí *La Sexta Columna* precariamente, con poco dinero y poco equipo, preferí no descansar, no alimentarme bien y aliviar el estrés con alcohol, lo de siempre y lo de tantos. Cuando lo estás viviendo parece épico, porque todo eso está filtrado por una mirada romántica del periodismo. Pero cuando pasa el tiempo te pareces gilipollas. No, no es cierto. Simplemente eres un chaval con poca experiencia al que le parece tan increíble dirigir un programa que está dispuesto a defenderlo cueste lo que cueste, aunque el coste sea él mismo. O, sobre todo, si el coste es él mismo. En la inmolación también hay cierto romanticismo y las empresas saben qué individuos son proclives a entregarse a él.

A mí aquello me costó casi veinte kilos, algunas complicaciones neurológicas y una depresión de la que estuve a punto de no salir. «Jubilación», fue la palabra. «Con la medicación que tomas, sólo podemos jubilarte», fue la frase. A los veintiocho estrené un caza con el que bombardear la actualidad. A los treinta y uno, un tribunal médico quería sacarme de la circulación.

Sobreviví a aquello como pude, pero, sobre todo, con amor. O con amores, porque todos tienen nombre, apellidos y una cara a la que no dejaré de querer nunca. No sé cómo se enfrenta la gente a una depresión sin estar rodeado de afectos y me da miedo pensarlo. Yo los tuve. Y no he tenido nunca nada más importante.

Esquivé aquella jubilación, superé esa depresión, escribí una novela y volví a la tele. Aún no estaba bien, pero me permitieron hacerlo. Tuve que aceptar que el regreso conllevaba perderlo todo. César fue muy claro aquel primer día: «Tu programa ya no es tu programa y no lo va a volver a ser nunca. No vas a dirigir nada y no vas a hacer pantalla. Tendrás funciones de becario».

—¿Dónde?

—En *Al Rojo*, Antonio se ha empeñado en que vayas para allá.

Me estaban quitando la placa, la pistola y machacando cualquier afán que yo pudiera traer de recuperar mis galones. Pero yo no quería galones. Y volver con Antonio, con Julio Montes, Luis Sanabria, Inés García, Antonio Pérez Lobato o Lorena Blanco era volver a casa.

—Sólo quiero que trates de venir por las mañanas a la hora —me dijo Antonio—. No tienes ninguna responsabilidad, ninguna obligación. Intenta estar aquí todos los días a las siete. Con eso me basta.

Aquellas palabras fueron como un abrazo. Antonio y toda la redacción de *Al Rojo Vivo* me protegieron durante aquellos meses en los que yo trataba de reaprender a funcionar. El proceso de recuperación duró casi un año.

—¿Te ves para hacer pantalla? —me preguntó César pasado ese tiempo.

—Sí —respondí.

—Y ¿para dirigir?

—¿Dirigir el qué?

—El programa del décimo aniversario de La Sexta, quiero hacer algo grande.

Era el momento más temido. De una enfermedad así regresas, pero no sabes quién ha vuelto. No sabes de qué será capaz tu cerebro puesto a prueba. Le temes a todo, pero sobre todo temes el momento de la verdad. Temes buscarte y no aparecer por ningún lado. Temes constatar que ya no existes. Temes tener que aceptar a otro dentro de tu cabeza. Otro peor.

—Si tengo equipo, presupuesto y tiempo, sí, puedo dirigir —respondí.

Y lo hicimos. Doce meses después de mi vuelta, me puse otra vez al frente de un equipo. Era enero de 2016 y todo iba a salir bien. De hecho salió muy bien. El programa del décimo aniversario de La Sexta fue un éxito y me hizo recuperar confianza. En noviembre de ese año tenía una columna en *Papel*, entonces el dominical de *El Mundo*, colaboraba en *Hoy por Hoy*, en la SER, y hacía lo que quería en mi casa, La Sexta. Ya estaba. Yo sabía lo que era y había encontrado la medida en la que quería serlo. Pero, como siempre, todo estaba a punto de saltar por los aires.

Era la una de la tarde de un día de noviembre, yo llevaba un traje sin corbata, estaba en el plató de *Al Rojo Vivo* a punto de entrar en directo y vi que había recibido un e-mail. Antonio me dio paso y yo aparecí en pantalla leyendo aquel correo, sin comprender bien lo que tenía delante. Lo escribía un tal Álex Pina, que decía que hacía series de televisión y me preguntaba si haría una con él.

—¡Que no! ¡Obviamente! —le respondí a Sara, que era mi pareja, cuando me preguntó qué iba a contestar a aquella propuesta.

—Javi, hace menos de un mes te levantaste en mitad de un capítulo de *The Crown* y le gritaste «hijo de puta» al televisor. Cuando te pregunté qué hacías, me dijiste que querías escribir como ese tío, que le insultabas de lo bueno que era.

Ese tío era Peter Morgan, y, sí, la anécdota de Sara era precisa. *The Crown* estaba tan bien escrita que no me quedó más remedio que insultar al guionista. Después, añadí, como quien vomita, que eso era lo que yo quería hacer.

—Pues hazlo —respondió Sara.

—Sí, claro, voy a una productora y le digo: mire, tengo treinta y tres años y quiero escribir series. ¿Me enseña usted?

Tres semanas después, ahí estaba, el tipo que había escrito *Los Serrano*, *Vis a vis*, *Periodistas* y *Los hombres de Paco*, es decir, los mayores éxitos de la ficción televisiva en España de los últimos veinte años, proponiéndome exactamente eso: hacer series con él. Obviamente quedamos.

—Aunque le voy a decir que no, Sara.

—Dile lo que quieras, pero conoce a ese hombre. Y a ver qué te cuenta.

Fue un flechazo. La noche que conocí a Álex Pina tuve la misma sensación que cuando conocí a Ferreras: «Este tío es un genio, no me lo acabo». Son las dos únicas veces que he tenido esa sensación tan poderosa.

Aquella noche le hablé a Álex de los aburridistas y me dijo que él también los odiaba y que su gremio estaba lleno. Hablamos del prestigio que tienen, de lo fácil que es ponerse a quedar bien con cuatro intelectuales y que no te vea nadie, que a eso lo llamaba yo «ganar Malasaña», que lo jodido es unir calidad y cantidad, pero que se podía, que el referente y la guía era el *Quijote*, que Cervantes hizo la obra cumbre de nuestra literatura y siempre fue un *best seller*. Si había alguien que lo había hecho, nosotros podíamos aspirar a ello.

Nos terminábamos las frases. Se nos pasaron cinco o seis horas en un abrir y cerrar de ojos. Nunca había estado con nadie que comprendiera este negocio de una forma tan parecida a la mía. No podía creer lo que oía, era como si me hubiera pinchado el cerebro y conociese todas mis ideas.

Me contó que estaba preparando un atraco y me explicó que no iba a robar, que fabricaría su dinero. Me sedujo porque había un titular, y las historias buenas siempre tienen un titular. Era diferente. Era prometedor. Apetecía contarlo y él transmitía entusiasmo. Me dijo que había leído mi novela y que estaba buscando a alguien que tuviera mi tono de escritura.

—Bueno, la escribí en dos meses, como ejercicio para salir de una depresión. No está muy bien.

—Ya, se te va en el tercer acto.

—Sí, y más cosas. La hice para mis amigos.

—¿Sabes escribir guiones?

—Nunca he visto uno. No sé ni cómo son.

—Eso es lo de menos, yo te enseño. Y te pagaré bien.

—¿Me pagarás bien por enseñarme?

—Claro.

—Prefiero que me pagues el mínimo posible.

—No. Te pago bien y punto.

—Si me pagas bien, no voy. No quiero presión. Prefiero sentirme libre de cagarla o de largarme.

Dos meses después dejé el periodismo y me dediqué en exclusiva a *La casa de papel*. No fue una decisión fácil, pero para entonces yo ya había comprendido que algunas decisiones se toman con las tripas y no con la cabeza.

Salió mal. *La casa de papel* tuvo audiencias decepcionantes. Empezó en casi cinco millones de espectadores, pero terminó aquel primer atraco por debajo de dos. Un fracaso. A mí me dio pena, porque estaba enamorado de aquella historia y no había sido capaz de conseguir que la vieran ni mis amigos. «Es que empieza muy tarde». «Es que con tanta publicidad me duermo». «Es que...». Había muchos *esques*, pero todos tenían razón. Antena 3 no podía poner más de su parte, pero para entonces mi generación ya no consumía ficción en televisión lineal: o pirateaban o pagaban Netflix, pero nadie que se pareciese a mí ponía la tele para ver capítulos de nada.

Al poco tiempo, Netflix subió *La casa* a su catálogo. No le dimos importancia. Que funcionase ahí era tan improbable que ni se nos pasó por la cabeza. Pero la serie explotó. El mismo producto que no había funcionado en Antena 3 lo reventó en plataformas. ¿Fuimos nosotros? No. Fue un cambio tecnológico que deparó un cambio de consumo que nos redefinió como productores.

En el siguiente atraco, además de guionista principal con Álex, pasé a la coproducción ejecutiva. De repente estaba resolviendo una de las preguntas que más curiosidad me había generado en mi vida: ¿cómo será hacer televisión con dinero?

La palabra es «libertad». Ahora, cinco años después del estreno, *La casa de papel* ha terminado. Esto es lo primero que escribo con un principio y un final después de cerrar la serie. Mientras lo termino me hago una pregunta. No estoy seguro de si la gracia se pierde o si a la gracia se la suelta. Aunque empiezo a sospechar que vivir sin detenerse consiste en estar dispuesto a ir soltando gracias.

Quienes escribimos historias tendemos a pensar que manejamos las innovaciones narrativas, pero creo que eso no es del todo cierto. Creo que, como todos en esta especie, nos adaptamos al entorno y tratamos de sacar lo mejor de él. Y el entorno lo define la tecnología. La explosión del teatro griego tiene que ver con una innovación en la acústica sucedida en teatros como el de Epidauro, que permitió que más gente oyese y viese una obra al mismo tiempo. No habríamos desarrollado la novela si antes no se hubiera inventado la imprenta. El cine nace para explorar una tecnología recién creada. Ahora, internet transforma la distribución y eso trae cambios profundos en toda la industria.

Hoy, un producto hecho en España, en Turquía o en Colombia se estrena en el mismo minuto en todo el mundo. Antes, nuestro audiovisual, y todo el audiovisual de la periferia del mundo, apenas viajaba. Salvo excepciones, éramos muchos mercados pequeños condenados a hablarse a sí mismos y a consumir ficción estadounidense. Eso ha cambiado. Y, con ello, el tamaño de nuestra ambición. *La casa de papel* fue el primer éxito global en plataformas proveniente de una industria periférica, pero después ha habido otros y habrá más.

Es cierto que los flujos siguen siendo asimétricos, que se produce más en Estados Unidos, que su ficción sigue viajando más que ninguna, que concentran más inversión y que las plataformas son pocas y son suyas, pero creo que vivimos un momento apasionante. Nunca había resultado tan fácil consumir historias de tantos países. Nunca había sido posible pensar una serie, desde el primer día y desde, pongamos, Madrid, en términos globales.

Se critica que se hacen muchas series vacías, inofensivas, malas. Sí, yo también lo creo, estamos en la época de la irrelevancia de lo irreprochable. Hay muchas series a las que técnicamente no se les puede poner un problema, pero que son totalmente irrelevantes. También creo que es lo normal, porque se produce más que nunca, porque se hace rápido y porque lo que empezó como televisión prémium está pasando a ser televisión, a secas.

Y, sin embargo, a mí este amor no se me pasa. A mí esta pasión no hay nada que me la iguale. Nada me activa tanto como cuando veo televisión bien hecha: la dureza y la profundidad de la primera de *True Detective*, el talento literario y visual de Sam Levinson en *Euphoria*, la genialidad de David Simon para llevar lo que había visto haciendo periodismo a otra dimensión en *The Wire*, la escritura soberbia de *The Crown* o *Succession*, lo divertida e inteligente que será siempre *The Office* o aquello que me recorría el cuerpo al oír la sintonía de *Juego de tronos*.

Yo vivo para eso y creo que la televisión es el lugar de los valientes. Aquí se compite porque este sitio importa. Somos datos, sí. Pero eso no significa que sólo queramos hacer datos o que estemos dispuestos a hacerlos a cualquier precio. Yo hago televisión con la voluntad de que mi tele, además de apasionada, además de entretenida, además de adictiva, sea importante. Aspiro a dejar algo en el espectador cuando terminan los capítulos o los documentales que ve. Aspiro, por ejemplo, a que en las favelas de Río donde se bailó «Bella ciao» a ritmo de samba por *La casa de papel* se haya avivado en alguien la llama del antifascismo. Y estoy convencido de que la televisión es el mejor lugar para hacerlo porque llega adonde no llega nadie más.

Hace veinte años estaba convencido de que mis referentes eran Camus, Sartre o Javier Marías. Los tres produjeron una explosión en mi cabeza de adolescente que me encaminó y me puso en marcha. Bolaño lo haría crucialmente poco después. Pero sé que antes que ellos estuvo la televisión. No sabría decir si fue más importante *El extranjero* o *El equipo A*. Si tuvo más peso *Corazón tan blanco* o *Verano azul*. Si aspiré más a ser escritor por Bolaño o por *Los Simpson*.

Hoy me emociona estar escribiendo este texto en mi productora, que se llama La Pegaso Entretenimiento. Es un lugar desde el que llevar adelante proyectos sin la obligación de llevar adelante proyectos. En la época de la sobreproducción, creemos que el reto es no estar obligados a hacer mucho ni a hacer rápido. Queremos que la Pegaso vuele, pero que todos los vuelos nos hagan ilusión. Y por ahora lo estamos consiguiendo.

Y empiezan a suceder cosas. Mañana tengo una reunión importante con una de las principales compañías del mundo, que está interesada en una serie que estoy escribiendo. Hace unas semanas le vendí otra serie a una gente que estaba en Los Ángeles. La directiva de esa empresa gritó «cerremos el acuerdo, bienvenido» y todos aplaudieron. Yo me extrañé, porque no sentí nada. Puse esa cara de sonrisa rara que ponemos en las fotos en las que sabemos que no vamos a salir bien.

Días después, viendo una serie en la plataforma con la que había firmado, me eché a llorar. Era un capítulo muy bien escrito, bien rodado, elegante, sólido. Pero no lloré por eso. Lloré porque me di cuenta de que mi serie iba a verse ahí. Era un mal momento, porque estaba en un avión. Pero a los que sentimos en diferido la emoción nos pilla cuando quiere. Alba, mi pareja, me preguntó extrañada qué me pasaba. Yo no podía hablar. Sólo lloraba y trataba de explicarle algo que me parecía imposible de entender: me había emocionado por lo lejos que estaba la parada del autobús municipal de Santander en el que yo iba al colegio de aquel despacho de Los Ángeles. Lloraba por esa distancia. Trataba de calmarme, porque el avión iba lleno, pero la parada de autobús regresaba a mi cabeza y el llanto volvía a estallar. Me faltaba el aire y me sentía ridículo. No era capaz de terminar la frase y tenía que sacármela de dentro para empezar a controlarme. Entonces Alba señaló la serie que estaba en pausa en mi pantalla, preguntó con los ojos, yo asentí y ella dijo: «Ya lo sé. Yo sé». Supe que sabía. La azafata vino con unas servilletas para que me sonase. Después, Alba se acercó y me susurró la frase que ahora me digo yo en los momentos raros: «Despliega tus alas, pegaso».

Como todo, después no será para tanto, meteré la pata en las negociaciones o haré la serie y volverán a no verla mis amigos. Pero comprendo que es injusto que yo diga que he perdido la gracia. Más bien he soltado un tipo de gracia y he encontrado otra. También he aprendido a resucitar, he rechazado más dinero de al que he dicho que sí y le he cogido el gusto a soportar el vacío. El vacío me lo imagino como eso oscuro que parece que no tiene salida y que está ahí siempre antes de una idea. El vacío como comienzo de algo, el vacío como principio del siguiente paso. Quizá sea ése el centro de este vicio, la adicción al vacío. Su incertidumbre. No saber qué sucederá cuando alguien al otro lado encienda la tele en su casa, te apunte con el mando a distancia y decida que es tu turno. No se siente nada, pero me gusta pensar que sí, que se levanta el telón en cada una de esas pantallas y salimos al escenario.

Hijos del quiosco
Pedro Simón

Era un espacio de tan sólo doce metros, pero allí dentro cabían los 510 millones de kilómetros cuadrados que tiene el planeta Tierra.

El tamtam de lo que pasaba en el mundo. La iniciática ojeada al sexo con la portada del *Penthouse*. Los *influencers* que salían en la cubierta de la revista *Superpop*. La primera conciencia medioambiental en los fascículos de Félix Rodríguez de la Fuente. La red social de los otros. Los deportes. La fortuna en forma de esos pequeños boletos que compraba mi padre. Todo. Y, por supuesto, casi me olvidaba, también cabían las noticias.

Para los que nacimos en aquellos años del tardofranquismo y después, el quiosco fue el internet analógico, un bullicioso puerto de ciudad ávido de aventuras y al que llegaban gentes y crónicas desde muy lejos. Un quiosco. En fin de semana. Con su paleta de colores. Con sus papeles tendidos al sol como ropa puesta a secar. Mi quiosco de General Ricardos. Aquello era Tombuctú y Samarcanda juntos.

Siempre volví a ese quiosco con el paso del tiempo como el que viajaba al futuro, pero también un poco como el que retornaba al pasado de sí mismo. Para asomarme a ese acuario y tirar la caña. Para llevarme peces que luego evisceraba en casa con unas tijeras y cuyas tripas guardaba en carpetas con olor a tinta y a domingo.

Hasta que ocurrió. Hace cinco años o así.

Un día regresé de un largo viaje, fui a casa de mis padres, bajé al quiosco que había al lado de la parada del 34 y entonces vi el hueco. La misma imagen que cuando quitas un cuadro que lleva mucho tiempo colgado y en la pared sólo quedan la alcayata y el cerco de lo que hubo.

No estaba el quiosco de Julio, se lo habían llevado, un poco como cuando en *La cabina* de Mercero y Garci se llevan a López Vázquez hacia la muerte. Sólo que dentro de aquellos doce metros de General Ricardos donde cabían los 510 millones de kilómetros cuadrados que tiene la Tierra se nos llevaron a centenares de niños.

Lo mismo que cerraron los astilleros de Naval Gijón porque el capitalismo tenía otros planes, lo mismo que Círculo de Lectores se acabó porque hoy nadie quiere un señor con traje en su casa, lo mismo que los zapateros remendones desaparecen porque ya no tienen apenas clientes debido a una industria del calzado que te oferta zapatos fabricados en Asia a cinco euros; lo mismo que todo lo anterior, decía, hoy van cerrando los quioscos.

Hablamos de reconversión. De progreso. Y de que la gracia no es eterna. Los mundos que se van nunca lo hacen de golpe. Sino poco a poco. Edificios que primero presentan una grieta milimétrica y luego otra mayor, que al cabo de los años se van venciendo, suman daños en su estructura, albergan tuberías que revientan, sumideros que no dan abasto, muros que se resquebrajan (nosotros) y que, sólo mucho después, se derrumban. Para que en su lugar la sociedad construya algo nuevo y, en ocasiones, mejor.

Pero volvamos a mi quiosco.

De los 35.000 que llegaron a existir, hoy quedan menos de 17.000. No es sólo que hayan cerrado el 50 por ciento de los puntos de venta, es que yo creo que cada año se les mueren el 10 por ciento de los clientes.

Cada vez que voy a casa de mis padres, antes de subir o bajar, no puedo evitar mirar la marca indeleble y rectangular donde Julio pasaba calor en verano y frío en invierno. Su cabaña del árbol; mi Nautilus. Me meto dentro del rectángulo de cemento. Cierro los ojos. Mi hijo pequeño me pregunta qué hago. Yo le digo que entre.

Madrid.

Carabanchel.

Principios de los años ochenta.

Pilas de periódicos de un metro de altura.

Gente haciendo cola para comprarlos.

El quiosquero hijo de quiosquero diciéndote que no toquetees nada o se lo dice a tu abuelo.

Olor a colonia y a puro y a churros y a papel nuevecito.

Un niño gastándose la paga en sobres con cromos de animales.

Creo que me hice periodista por aquel calambre del quiosco. Por aquel tótem empapelado.

Lo supe un tiempo después: ya que no iba a poder llegar a ser quiosquero, ya que en mi casa no había dinero para montar un quiosco, vaya, al menos que fuese periodista.

La primera vez que pisé una redacción fue en Zamora en el año de la Barcelona olímpica y de la Expo de Sevilla. Recuerdo el aroma a tabaco, las tostadoras con alas de salvapantallas y una máquina que escupía teletipos y que una compañera cortaba con una regla. Y sobre todo recuerdo que aquello fue también entrar en la taberna de *Cheers*.

El primer viernes me olvidé una garrafa de orujo al lado de mi cajonera (un encargo de mi padre para mi tío) y cuando regresé el lunes ya se la habían bebido los de la sección de Local. Todavía se recuerdan en la provincia las exclusivas que dimos aquel fin de semana. Me cogieron cariño porque me hice necesario. Así que durante toda mi estancia les llevaba más y más. En mi casa de periodismo no sabíamos, pero sí de orujo. Y el redactor jefe me lo agradecía sentidamente, me golpeaba suave en el lomo como a una mascota y luego se echaba un chupito.

En todos estos años de profesión en varios sitios he visto una fiesta del mojito en Deportes. He visto a un fotógrafo vomitar delante de un teclado. Gente que no arrancaba a escribir hasta la segunda copa. Y a compañeros a los que nunca llamabas a su casa, sino a ese otro lugar donde siempre estaban. El bar.

En los más de treinta años de historia de *El Mundo*, por ejemplo, hubo dos momentos en que la cosa se puso realmente complicada y un reducido grupo de valientes a punto estuvimos de provocar un motín. El primer momento fue cuando Zapatero nos prohibió fumar en el periódico. El segundo fue cuando Pedro J. nos quitó las Mahou verdes de la máquina.

La cosa acabó no siendo tan grave porque había alternativas: los fumadores podían hacerlo fuera y los de la cerveza hacíamos incursiones a la máquina de bebidas del *Marca*, como el que va a la nevera en vez de a interesarse por el deporte. Pero la reconversión ya estaba hecha: nos pensábamos que la revolución del periodismo era internet, las redes sociales que ya asomaban o los reportajes a treinta euros. Y no: la verdadera revolución era que (sin tabaco y sin alcohol en las redacciones) ya nunca seríamos como Jack Lemmon y Walter Matthau en *Primera plana*.

Por entonces había hasta botellas de ron en las cajoneras. Coca-Cola sólo para mezclar. Y una vez cerrada la segunda edición te ibas a cerrar otras cosas. No existe un motor más poderoso que un tipo diciéndole a otro que dónde tomamos la última copa. Esa ensoñación de que con el alba pasará algo. Sólo para los que no se rindieron antes.

Ocurrió en el bar La Cueva, un templo de la parranda barranquillera en la Colombia de los años cuarenta, punto de encuentro legendario entre intelectuales y periodistas. Era madrugada. El propietario, Eduardo Vilá, ya llevaba un rato durmiendo. Por allí apareció el pintor Alejandro Obregón a tomarse el último trago. Vilá le vio y le soltó: «No te voy a abrir, ya es muy tarde, vete p'al carajo». Entonces Obregón decidió que entraría. Primero trató de derribar la puerta a golpes y no lo consiguió. Luego acudió a un circo cercano en la calle 72, sacó un fajo de billetes, le explicó al dueño el motivo de su visita y terminó alquilándole un elefante (lo normal) para abrir a cabezazos el bar de un amigo. Al primer impacto en la puerta en mitad de la noche, Vilá cogió su escopeta. Cuando vio otra vez a Obregón, esta vez con aquella bestia como un Sandokán, la cosa se fue aflojando y el propietario sacó una botella de whisky. La leyenda cuenta que bebieron y charlaron hasta que salió el sol. La mitología barranquillera incluye en la cogorza al paquidermo.

García Márquez, por entonces reportero y habitual de La Cueva, conoció aquella aventura. Eran sus amigos. Una panda de hijos de puta. Un día les dijo: «Sin ustedes [se refería a esas historias], yo no habría conseguido el Premio Nobel».

Sin mis amigos, yo no estaría escribiendo este libro.

Para perder la gracia, primero hubo que tenerla. Para quemar gasolina, alguien tuvo que llenar previamente el depósito.

Mis padres nunca tuvieron demasiado tiempo para perder la gracia porque se pasaban todo el día trabajando para intentar llenar el depósito.

Éramos los hijos ese coche nuevo para el que ahorraban. Ese utilitario con su puesta a punto y su casete *auto-reverse*. Uno que mis padres —esa clase media diésel— iban a mandar a sitios donde ellos no habían llegado nunca. Y así partimos flamantes desde las periferias toda una generación de niños como en una carrera de espermatozoides, sólo que aquí llegaríamos muchos y no sólo uno.

Te enseñan de qué va esto. Tomas los mandos a los veintitantos. Hay algún pinchazo y algún accidente. No pasa nada. La cosa va bien. La vida consiste en hacer kilómetros, te dicen, y en repostar y en ir al taller de vez en cuando y en saber aparcar y en cambiar de música y en pensar en el otro poniendo el intermitente y en no correr demasiado y en frenar a tiempo. Hasta que un día caes en algo inesperado y desazonador: que cumplir años también consiste en que te cambien las carreteras y hasta los mapas.

No me gustan los coches porque vi a mi padre destrozado por culpa de ellos. Porque le vi llorar cuando le metieron en un ERTE en la Chrysler de Villaverde. Porque los cambios de turno le machacaron los biorritmos del sueño y el estómago. Porque en aquella factoría automovilística mi padre se sintió traicionado por algunos jefes y porque un compañero le robó algo que quería mucho. Porque los medios de producción eran voraces. Porque había mucho ruido allí. Y a veces era muy sucio. Y lo que creaba con sus manos y su talento terminaba contaminando el país. Porque por culpa del trabajo comía fatal y mi madre decía que se daba a la mala vida. Porque lo que él ayudaba a crear a veces me mareaba y a veces me daba ganas de vomitar. Porque le veía poco.

Por qué será que a mis hijos no les gusta demasiado el periodismo.

En aquella España espídica de antes y después del 92 existía un periodismo eufórico y dipsómano. Y por supuesto también había una facultad de Ciencias de la Información brutalista, complutense y dinamitable. Clases con ochenta alumnos por desbravar. Gente que se sentaba de espaldas al profesor para charlar mejor con los amigos. Una vez alguien metió un gato en clase de Redacción periodística III, el profesor se quedó mirando al animal y, contra todo pronóstico, lo agarró y continuó dando la clase acariciándolo, como si fuera José Luis Moreno.

Si hay una edad en que darías cualquier cosa por tener un amigo pediatra y otra en que harías lo propio por un amigo abogado, por entonces necesitabas un amigo camarero. El nuestro era el de la facultad.

Un tipo que se tatuó el nombre de Paula en el brazo durante una borrachera muy gorda, contaba, en honor a una novia que se llamaba Laura: «Sólo que, como yo vocalizaba mal, el que me tatuaba se confundió de nombre. Imagina el despertar. Y cuando lo vio mi novia».

Hablamos de un camarero bueno. Ese tipo de camarero que lo mismo te guarda las llaves que asiente en silencio cuando le dices que este año te han vuelto a robar el Premio Planeta. Ese profesional que lo mismo te rebaja con agua el whisky que te agarra la frente por detrás mientras vomitas.

El buen camarero y su bar son lo más parecido a una esquina de boxeo. Un espacio donde te sientas en un taburete después de un mal rato, sale un tipo con un trapo al hombro que te pasa una esponja mojada por la cara entre asalto y asalto, te coge de los hombros para darte consignas, trata de que el adversario no te ponga más coloradas las mejillas y —al final, viendo el cariz que van tomando los acontecimientos— termina susurrándote al oído un consejo para salvarte la vida: «Protégete el hígado, campeón».

Pero volvamos al periodismo.

Si, a principios de los noventa, uno de cada dos españoles consideraba necesarios los periódicos (incluido el mío, incluido a mí), las ventas se han desplomado un 80 por ciento en la última década y siguen cayendo y cayendo.

Si en 2009 el 45 por ciento de los mayores de dieciocho años leía un diario, en 2020 la cifra sólo concernía al 18 por ciento.

Si yo antes leía en profundidad un par de periódicos de papel al día, confieso sin rubor que hoy picoteo someramente en lo que dicen mis algoritmos. Los cojo de la redacción cada vez que voy, los llevo a casa, los dejo en la mesa. Generalistas, deportivos, económicos. Nadie los abre. Luego sí: hacen su trabajo cuando limpio el pescado.

Es verdad que el Perú se jodió hace mucho. Pero, con la crisis de Lehman Brothers, las cosas fueron a peor. Hace tiempo que el poder económico embridó al poder político y que el poder político embridó al poder periodístico. En un juego de matrioskas muy evidente para el gran público, que se limita a confirmar lo que todos saben: que no hay medio libre ni independiente ni de la mañana ni del siglo XXI. Sino del capital.

«Somos enanos rodeados de enanos, y los gigantes se esconden para reírse», escribía Concha Alós. Somos ese confeti de después de la fiesta. El viejo Gutenberg ya nos recuerda un poco al De Niro del final de *Toro salvaje*: cuando el actor interpreta a un Jake La Motta gordo y acabado que se dedica a contar chistes en un tugurio semivacío en el que los borrachos le mandan a la mierda.

Por lo demás, los periodistas estamos bien. O como nunca, arriesgaría a decir yo. Mal pagados. Desideologizados y a la vez polarizados. Desmovilizados. Enzarpadísimos de *likes*. En doma. Es aquello que le escuché a mi hermano Rafael J. Álvarez tomando unas cervezas y mirando a unas vacas en un prado de Santianes: «A mí en el periodismo nunca me han dado por culo... [sorbo de cerveza]... ni me volverán a dar».

De Pedro J. me podía esperar aquella frase: «Los pobres no compran periódicos».

Pero me sorprendió bastante que mi buen amigo David Jiménez me dijera aquello otro un día en que entré en su despacho de director: «Pedro, sólo me traes historias tristes».

La calle con más desahucios de España, Perafita, en Barcelona, veintiún desalojos sólo en 2011, donde había un pastor evangélico que tomó la decisión de comer una vez al día para no frustrarse. Donde una nigeriana (llamada Efe) se compró una casa por la que se hipotecó con 300.000 euros y que poco después ya no valía ni la cuarta parte. Donde el ecuatoriano Diógenes (225.000 de crédito) se nos ofreció como taxista si le dábamos algo para las zapatillas del hijo.

El pueblo con más paro de España, Espera, en Cádiz, 58 por ciento de desempleo. Donde, de los 2.200 vecinos en edad activa, estaban sin trabajo 1.280. Donde hablamos con una familia de once miembros que comía de la paga del abuelo. «Una vecina vino a ver si le dábamos una bombona de butano», nos contaron. «¿Para comer caliente?». «No. Es que está bañando a los niños con agua fría».

El Rosal (Pontevedra), la localidad de 7.000 vecinos donde 2.000 se quedaron sin ahorros por las preferentes. Donde había un hombre al que le hicieron firmar que no podría sacar los ahorros hasta el año 9999. Donde había un matrimonio mayor con 14.000 euros ahorrados y con una hija discapacitada llamada Rosiña a los que les quitaron todo. «No teníamos luz. Mi marido andaba hasta seis meses en la mar. Nunca salimos del pueblo. Nunca gastamos. Nunca tiramos el dinero. Si nos privamos de todo fue para que Rosiña tuviera algo. Y ahora ya ve».

Humilladero, en Málaga, donde la cosa llegó a tal extremo que el ayuntamiento decidió sortear entre los vecinos un puesto de trabajo de un mes. Un mes de jornal de albañil, jardinero o limpiador municipal. Algo es algo. La alcaldesa: «En 2011 venían siete u ocho personas a la semana a pedir ayuda. Hoy vienen siete u ocho cada día».

Villavieja del Cerro, en Valladolid, donde la diputación provincial se gastó doce millones de euros en construir una pista de esquí seco en un pueblo de cien vecinos. Una pista de esquí seco en medio de un secarral que iba a generar 40.000 visitas al año y no sé cuántos empleos y que nunca se inauguró. Donde el dinero público duró lo que una bolsa de palomitas de maíz. «Fotos se han hecho de cojones». «¿Cómo dice?». «Los políticos, digo. Venían, se hacían la foto y se iban».

Esa España esquilmada. Vencida. Jibarizada. Desalojada. Dada la vuelta. Despavorida. Devorada. Cuyas raspas han sido arrojadas a la cuneta.

Pero ninguna historia como la de aquella mujer católica que empezó a prostituirse para tratar de sacar adelante su casa y dar de comer a su hija.

Con los años sé que todo ser humano (si quiere) puede ser protagonista de un reportaje, la cuestión es que tú estés dispuesto a contar la parte de tu vida que daría para un buen reportaje. Aquel episodio biográfico que no te atreves a relatar en público. Aquel tiempo en que estuviste a punto de enloquecer y callas. Aquel otro en que te viste implicado en aquello y no quieres ni recordar. Aquel dolor que no compartiste pero que sabes universal y a cinco columnas.

Estaría bien que los periodistas tendiéramos puentes y no que nos dedicáramos a destruirlos como taladores de bosques a sueldo, motosierras comisariadas, dinamiteros con un tuit de mecha corta. Que el periodismo volviera a entender que esto también iba de intentar trasvasar a gente desde zonas de peligro a zonas seguras. Que se esmerase en quitar etiquetas y no en ponerlas.

Estaría bien que volviesen los lectores y se fuesen los clientes, esos que llegan con una pistolita macarra en la sobaquera y le dicen al periodista: «Eh, tú, límpiame las botas».

Estaría bien que la gente no se metiera en una web de información o en un periódico o en un canal de televisión o en una emisora buscando refrendar sus propios prejuicios, sino con ganas de dudar. Que dejase comentarios su puta madre. Que los algoritmos su puta madre. Que los clics su puta madre. Que Comscore su puta madre. Que etecé su puta madre.

Estaría bien que no intentáramos ser objetivos, sino rigurosamente subjetivos.

Estaría bien que nos negásemos a quitar la firma de una información cada vez que viésemos que no va a ser una información.

Estaría bien el periodismo.

Estaría bien, digo yo.

En *Barraca y tangana*, escribe Enrique Ballester: «Mis amigos me insultan llamándome periodista. Me parece bien. Peores son los periodistas que te llaman amigo».

Mi hijo mayor se ha pedido para Reyes un móvil y yo me he pedido una caja de metacrilato de la marca iDiskk donde metes el teléfono y no puedes sacarlo en horas gracias a un temporizador que la bloquea.

Es curioso que el mismo objeto nos provoque reacciones tan contrarias.

Es el mismo animal, pero tenemos dos modos diferentes de verlo, de pasarle la mano por el lomo, de defendernos, de aproximarnos al fuego.

A él le acerca a los otros, supongo. A mí me aleja cada vez más de mí mismo.

No es un mero juego de palabras. Es lo que vivo y no me gusta. Por eso me he pedido (copio y pego) una caja de metacrilato de la marca iDiskk donde metes el teléfono y no puedes sacarlo en horas gracias a un temporizador que la bloquea. Cada vez que quiero estar con mis cosas aunque sean ridículas, con mis escritos aunque sean malos, con mis libros poco modernos, con mi gente entrada en años, con mis dudas razonables o no, lanzo el Samsung dentro del aparato como el colgado que tira cinco gramos de cocaína por el váter porque sabe que no le hace bien.

Cierro luego el dispositivo.

Lo programo para que no pueda abrirse en cinco o seis horas.

Y pienso un poco lo que Karmelo Iribarren escribía en aquel poema titulado «Momentos que no tienen precio».

> *Llegar al fin*
> *hasta la puerta*
> *de tu casa,*
> *entrar,*

echar todas las cerraduras,
y, como quien saborea
el sabor de la venganza,
decirlo:
«Ahí
os quedáis,
hijosdeputa».

Por eso a veces me subo al 34 y me voy al Rastro, porque es lo más parecido a un quiosco y porque es lo más parecido a mí.

Ya estoy en la parada del autobús. Ya me llevo la mano al bolsillo interior de la chaqueta en un ademán ridículo y obsesivo. Ya me doy cuenta de que he olvidado el móvil en casa. Ya vuelvo a por él.

Somos esa generación de periodistas que empezó con el tipómetro en la carrera y que terminará con un microchip en el escroto (1) que lo grabe todo, (2) que lo remasterice todo, (3) que todo lo edite a tiempo real, (4) que todo lo conecte, y (5) que todo lo escriba (ay) sin la necesidad de ir a los sitios ni de hacer una llamada.

Sabido es que todas las evoluciones alumbran sus involuciones. La nuestra es el ruido. Entendido éste como una especie de brea que lo embadurna absolutamente todo. La forma de relacionarnos, el trabajo, el ocio, el consumo y hasta la soledad.

Sherry Turkle, *ciberdiva* y psicóloga del Instituto Tecnológico de Massachusetts, sostiene que nuestra entusiasta sumisión a la tecnología digital ha llevado a la atrofia de algunos viejos valores, tales como la capacidad de empatía y la introspección. Señas de identidad que tardamos milenios en consolidar han sido pulverizadas en una década. Hoy más que nunca, el raro es el empático y el aberrante es el introspectivo.

Pero no hay un solo avance en la historia de la humanidad que no haya nacido de la empatía y/o de la introspección.

O del necesario aburrimiento.

Contaba José Antonio Marina que dos de las obras más influyentes de la cultura europea nacieron gracias a que dos tipos se aburrían como ostras. Adam Smith estaba en Toulouse. Como no sabía nada de francés decidió ponerse a mandar cartas. Una de ellas se la envía a Hume. Le dice: «He empezado a escribir un libro para pasar el tiempo». Y le sale *La riqueza de las naciones*. René Descartes regresaba de la guerra y un temporal de nieve lo sorprende en una habitación con estufa. Tiene que pasar una buena temporada. No está mal. Se aburre. Empieza a escribir *El discurso del método*.

Somos esa generación cuyos padres dejaban que te aburrieras. Somos esa generación que no concede a sus hijos la lenitiva tregua del tedio.

Creo que todo cambió definitivamente cuando comenzó el tremor digital. Lo recuerdo porque entonces un compañero de la redacción de Pradillo, 42, soltó una frase bíblica por visionaria: «Tengo unas ganas de que se acabe la *moda* esta de internet...».

En los años en que la economía española iba como un tiro (de rápido, de bien, de coca), había muchos altos cargos de la *inmensa mayoría* de los medios de comunicación a los que les llegaban televisores, jamones, viajes, teléfonos, portátiles. Hay fotos posando como si fueran las piezas dc una montería.

El asunto llegó a ser tan indecoroso, el desmadre estaba tan a la vista y tan extendido a izquierda y a derecha que, después de aquellas sobradas Navidades, algunos periodistas pidieron a las marcas agasajadoras que les enviaran los regalos a casa y (haga usted el favor) no al medio en cuestión.

Luego lanzábamos parrafadas en radio y televisión o escribíamos editoriales exigiendo ejemplaridad.

A la mayor parte de la infantería nos llegaba una agenda del año. Pero los que estaban en la toma de decisiones de todas las empresas periodísticas regresaban cada día al hogar con el coche cargado como si ese miembro del *staff* que se pasaba diciembre yendo y viniendo al garaje fuese Melchor, Gaspar y Baltasar juntos.

No voy a dar tampoco el nombre de los más honestos (los hubo, los hay, ahí siguen muchos). Pero sí querría contar lo que hizo uno de ellos que irrumpió un poco como Elliot Ness en el ecosistema. Pidió a los de mensajería que no le subieran ni un regalo; que los devolvieran todos independientemente del tamaño, la inocente botella de vino, el boli, el calendario, el libro; que añadieran una nota en la que dijeran «gracias, pero no».

Tardó poco en quedarse sin empleo.

Por qué será que el poder hace que pierdas la gracia. Por qué será que el poder hace que. A secas.

No se crean. Hubo momentos en que la polarización político-mediática y el encabronamiento de la calle estaban casi a los niveles de hoy.

Y eso que sólo teníamos el teletexto.

Era noviembre de 2002. Gobernaba José María Aznar. De vicepresidente primero y ministro de Interior estaba Mariano Rajoy. De vicepresidente segundo y ministro de Economía estaba Rodrigo Rato. Y, en un destartalado Peugeot, recorriendo Galicia, estábamos el fotógrafo Pedro Armestre y este cronista a cuenta del Prestige: sus 63.000 toneladas de petróleo derramadas al mar. Sus 1.137 playas españolas, portuguesas y francesas contaminadas. Su casete de Los Chunguitos sonando en el coche.

Fueron dos semanas que me río yo del Dakar. Mal tiempo. Una pensión con una salamandra. Kilómetros como para presumir de rally. Compañeros haciendo dedo. Una rueda pinchada. También Los Calis, también. Si alguien hubiese patrocinado aquel viaje de los dos reporteros de *El Mundo*, habría sido una marca gallega de licor café.

Al llegar a Bueu (Pontevedra), después de tomar unas vieiras en un sitio con vistas al puerto, lo primero que vimos fue a medio pueblo empujando hacia el mar una unidad móvil de Antena 3 vacía embadurnada de chapapote. Mi proverbial sagacidad (ojo) nos hizo pensar que a lo mejor estaban enfadados. «A lo mejor están enfadados, eh». «Pues ahora que lo dices... ¿Qué hacemos?». Así que pedimos otras vieiras nada más que para ganar tiempo y planear lo que hacíamos. Una botella de albariño después, salimos. Y cómo salimos, oiga.

—*Fillos de puta da dereita!!*

Yo le preguntaba a Armestre, que es de Ourense, si aquello que estaban diciendo los que empujaban el coche como si fueran los All Blacks era lo que parecía o estaban de coña. «Tú tradúceme», le dije. Saqué la libreta y el boli. Armestre hizo lo mismo con la cámara. Más que Woodward y Bernstein parecíamos Mortadelo y Filemón.

Había más periodistas en Bueu. Había más periodistas que vecinos en Bueu.

Creo que empecé a entrevistar un poco a voleo, que es un método periodístico que inventó un amigo mío en un pub a las tres de la mañana por razones que no vienen al caso. «A mí no me preguntes, que también soy periodista», me dijo una. «Perdona». Entonces, mientras hablábamos por fin con una joven que se prestó, vino rápidamente un *mariñeiro* con brazos de centurión romano a preguntarnos. Lo sé porque llevaba la camisa remangada bien arriba.

Romano es poco.

—*E ti de que xornal eres? Eh.*

Allí estaban, a veinte metros, los de Antena 3. Resignados. Fuera del coche, a ver. Y nos hacían señales.

El romano llevaba botas de goma. Y tenía prisa por la respuesta. Ni una broma.

—*Xornal?*

Fue cuando Armestre y yo nos miramos y se hizo un silencio bastante elocuente. Armestre empezó a abrir la boca encogiéndose de hombros. Y Dios sabe lo que iba a decir en voz alta aquella criatura. Pero le atajé a tiempo.

—¿Nosotros? ¡Nosotros somos de *La Opinión de Zamora*!

Hoy todo te viene con un libro de instrucciones, pero la paradoja es que no existen instrucciones que valgan para hacer un libro. Observen si no a estos cuatro amigos, aquí, en un viaje generacional de tinta y papel, hablando de lo mismo pero sin nada que ver.

Escribir.

Lo primero que escribí para un periódico fue un reportaje sobre las pintadas en los cuartos de baño de la universidad. Lo hice con una máquina Olivetti Lettera 42 que los alumnos de mi madre le regalaron el día que dejó la escuelita del pueblo y fue destinada a Madrid. Creo que yo iba hasta a cagar con la máquina. En casa y en los baños de la facultad: por si saltaba la noticia.

Era una Olivetti pequeña y con funda que podías llevar como si fueras un médico con su maletín. De color verde grisáceo, compacta, setentera como nosotros. Pesaba como un yunque. Se atascaba al teclear la letra S. En fin.

Pero cuando la abría, cuando descorría la cremallera y sacaba la máquina de escribir muy despacio, cuando lo hacía igual que un Tédax manejando un detonador, entonces, decía, me quedaba allí ensimismado mirando el engranaje. Con sólo esas mismas teclas, Ferlosio había escrito *El Jarama* y Steinbeck se había inventado *Las uvas de la ira*.

Y metía un folio de la marca Galgo.

Pero ni por ésas.

El reportaje ocupó una página entera en un día de 1991, creo. La foto la hice yo. El que salía en el baño haciendo de figurante en un retrete de la facultad de Ciencias de la Información de la Complutense era mi amigo Vilarasau. Cuando llevé los folios grapados dentro de una carpeta a la sede de Sánchez

Pacheco para que las secretarias lo transcribieran al ordenador, un redactor que luego haría caer ministros atornillaba las patas de su mesa y Pedro J. todavía se movía en moto, no les digo más.

Creo que el reportaje tardó un mes en estar en el quiosco de Julio. Pero, ay, el día que lo hizo. Compramos veinte periódicos por lo menos. Hice fotocopias del artículo en tamaño grande. Me faltó ponerme a la salida del metro de Carabanchel a repartirlas vestido de mascota del HiperDino para llamar la atención.

No ha habido nada en mi vida (ni un reportaje premiado, ni una novela reeditada, ni un texto viral con centenares de miles de lecturas, digo nada) que me haya hecho tanta ilusión publicar.

«Cruzar un incendio con una mochila llena de dinamita: la escritura», decía Jesús Montiel.

Y es verdad: a veces te estalla en las manos.

Creo que he perdido el reportaje aquel.

Cada vez que enciendo el televisor y cambio de canal y cambio de canal y cambio de canal y termino cayendo en el desánimo. Cada vez que les oigo hablar mucho y decir poco. Cada vez que los veo enseñorearse como pavos por cosas ridículas y cacarear como gallinas y hozar como jabalíes y hacer el mono. Cada vez que oigo sus amargas quejas y sus prioridades. Cada vez que hacen pornografía de lo inane y logran recompensa al instante. Cada vez que les veo ir a eventos a los que no quieren ir sólo porque conviene estar, y posan y pasan. Cada vez que nos inflaman de ruido la mañana y se relamen como gatos insaciables pidiendo más y más. Cada vez que todos y cada uno de los días sucede esto, decía, entonces me acuerdo de los que no tienen tiempo para perderlo.

Conocí a Marta Roca y Joan Ricart en Taradell (Barcelona) un poco antes de terminar 2021. Entre 2015 y 2019 vieron morir a sus hijos Arnau, Aniol y Marcel por culpa de una misma enfermedad rara con tan sólo ocho, siete y seis años. Si la madre accedió al reportaje es porque todavía lucha contra el mal que acabó con los suyos, porque lucha aunque a ellos ya no les sirva. Escribe Marta un correo. En él nos cuenta que su hija Alba sonríe igual que lo hacían ellos, Pedro. Que la ciudad de Madrid estaba preciosa el otro día en que fuimos de viaje los tres, créeme. Que mereció la pena ver el musical de *El rey león*, sí. Y que Alba, mi hija, tiene ya trece años y aplaudió mucho.

Una semana más tarde estuvimos con otra madre en Puente La Reina, en Navarra. Sheila Varas conducía su coche cuando tuvo un accidente con sus dos hijos. Iban a un cumpleaños. Murió Gorka, el hijo mayor, que había cumplido los ocho. Ella se seccionó la médula y acabó en silla de ruedas. Lo que aquí se cuenta en unas líneas entonces fueron cinco días tremendos. El hijo agarrado a un hilo de vida. La madre devastada en la UCI. Los mórficos. El dolor. La culpa. «Cuando al final falleció y vino mi marido a tratar de convencerme de que donáramos, le dije que no, que ni lo abrieran, que ni lo tocaran, que esperasen a que despertara... Al final lo hicimos. Nos despedimos. Me lo pusieron al lado. Al día siguiente el doctor nos dijo que, gracias a nuestra decisión, había un niño resucitado en una parte de España, recién despertado, sonriendo, vivo».

Ayer hablé con Raúl Sánchez, cirujano cardiaco pediátrico que instala corazones en pequeñas cajas torácicas. Gana mucho menos dinero que cualquier diarreico del Twitter, pero jamás le oirán hablar de eso. Ha visto morir a decenas de niños esperando su órgano. Ha visto a críos de kilo y medio de peso con el corazón abierto como una aceituna de las gordas y un marcapasos como un mechero Zippo instalado en el único sitio donde cabía: en el vientre.

Cuando el primer avión impactó con una de las Torres Gemelas, yo estaba en la redacción de Pradillo, 42, comiéndome un bocadillo de sepia con mayonesa, escribiendo un reportaje sobre neonazis sentado al lado de mi amigo Daniel Montero. En la CNN ponían el aviso de BREAKING NEWS cuando una compañera de Secretaría que pasaba por allí vio las imágenes sin sonido y me preguntó que si llamábamos a Baeta. Y yo, que era toda la autoridad allí porque era la hora de comer, le di otro mordisco al bocadillo y llamé a la calma: «Tranquila, sólo es una avioneta, mujer».

Yo ya iba por los cuatro mil caracteres con los neonazis como si la cosa se fuera a publicar al día siguiente en portada cuando, con mi proverbial instinto periodístico, comencé a pensar que a ver si no iba a ser una avioneta, Pedro, que a ver si la CNN va a saber más que tú y la lías, que tú eres de liarla, Pedro.

Pero me comí pastueñamente el bocadillo de sepia con mayonesa y seguí con mis neonazis. Luego, a los veinte minutos o así, vino el segundo avión.

Qué decir del segundo avión o lo que fuera. A ver si el segundo avión iba a ser más noticia que el primero. A ver si es que en Nueva York no sabían pilotar. Tranquilidad. Aunque de nuevo me dio por pensar que a ver si era otra cosa, Pedro, que no sería la primera ni la última vez que la liaras, que son la CNN y andan encelados con la avioneta. Colegí en ese instante, no sin poco riesgo, que aquello de dos impactos en las dos Torres Gemelas no era una casualidad. La compañera de Secretaría levantó una ceja desde la otra esquina y me preguntó en voz alta con cierta guasa que si era otra avioneta o qué, para llamar a *The New York Times* si eso. Entonces subí el volumen de la televisión como si supiera inglés. Y achiné los ojos. Para completar el cuadro.

Al poco entró Baeta derrapando en la redacción como si viniera encima de una Harley. Menos mal que la compañera de Secretaría había pasado de mí. Fue terrorífico, sí. Todo. Pero yo estuve días pensando que a los neonazis de Moncloa les salvó el pellejo Bin Laden, que si no.

«He visto a las mejores mentes de mi generación destruidas por la locura», escribía Ginsberg en su *Aullido*, piedra angular de la generación *beat*.

Yo he visto a algunas de las mejores mentes periodísticas de mi generación destruidas por la vanidad y por el posibilismo. Enardecidas por el odio. Lobotomizadas por el partido que les garantiza el sobresueldo de la tertulia y el plano medio. Prostituidas por una columna o la promesa de un cargo. Atacadas de prisa y de miedo y de ruido y de silencios. Irreconocibles. *Caballodeatiladas* por los años.

Yo he visto a los mejores locos de mi generación destruidos por las peores mentes.

También de Ginsberg: «Quien controla los medios controla la cultura».

Muchos tipos brillantes fueron engullidos por un ERE, por el paso del tiempo, por la reconversión digital, por un empresario de provincias que ponía la pasta y al que no le gustaba lo que leía. Otros terminaron dando un paso a un lado. Algunos se acogieron a una baja porque no comulgaban con lo que veían.

Pero ahí resisten otros.

Cuando la mayoría se pone a correr por la picana de la actualidad, ellos piden calma y no se dejan llevar por el primer impulso. Son los que tienen el teléfono del ministro y tuercen el gesto cuando ven su nombre en la pantalla del móvil. A veces deciden alargar su jornada laboral porque han mordido un hueso y se niegan a soltarlo. Son los que se van a tomar una copa con un proxeneta si eso sirve para salvar a unas chicas. Los que se acuestan tarde pero con la conciencia tranquila: por eso duermen bien. Descreen de casi todo, pero jamás serán unos cínicos. Tratan como iguales a los becarios y, si hace falta, le niegan la razón al director. Son los que te dan todos los teléfonos. Los que prefieren ir a los sitios donde ocurren las cosas antes que navegar por internet. Mil veces dicen que la profesión no es lo que era, que si es una mierda ya, que si esto o lo otro, pero no les pongan a hacer otra cosa: porque aman esto y morirían con un horario fijo en una oficina. Prefieren la calle a las moquetas. No se creen mejores que los trabajadores de la limpieza de la redacción, porque el periodismo va exactamente de lo mismo: quitar la basura, sacar brillo. Han terminado en los juzgados varias veces, pero siguen a lo suyo: tratar de sentarlos a ellos delante del juez. Gastan mala hostia. Pero te hacen reír. No revelan una fuente ni a Dios. Quieren que la gente se pare a mirar cosas desagradables. Todavía se emocionan cuando tienen un buen tema. Muchos no firman ninguna información jamás; hacen mejor la información de los otros. Manejan datos, pero no sólo. Hacen preguntas, pero no demasiadas.

En ellos confío.

Después de publicarse una entrevista a Mario Conde en la contraportada de verano en cuya entradilla le presenté como un «estafador» (algo así como Marino Lejarreta, ciclista; Juan Tamariz, mago; Karlos Arguiñano, cocinero; y Mario Conde, estafador; al pan, pan), yo pensaba que el exbanquero habría contratado los servicios de un sicario para volarme los sesos. Un francotirador, con un rifle de precisión desmontable y de largo alcance. Con gorra y gafas de sol. De Kentucky o así. Con un Camel en la comisura de los labios. Apostado en la azotea de la tienda de alimentación de José, frente a mi casa de Carabanchel Alto, para meterme eso de Mario-Conde-estafador por el culo. Yo qué sé, a veces incluso hoy me da por pensar si no fue él el que me mandó a la niña Nadia, el cabrón.

La entrevista con el estafador Mario Conde fue en su mansión de la calle Triana. Me abrió la puerta un mucamo. Me hicieron esperar. Llegó Don Marionne. No empecé bien porque no debieron de gustarle las dos primeras preguntas en plan gracioso que yo llevaba apuntadas en la libreta Centauro.

La primera: «¿Qué diferencia hay entre un banquero y un atracador de bancos?».

La segunda: «¿Mario esconde?».

Y así hasta veinticinco preguntas.

A la altura de la décima o así hubo un momento en que pensé que el mucamo me iba a poner una bolsa en la cabeza por detrás y me iban a hacer la de Luca Brasi. Pero terminé. Y regresé a casa sin más. Y luego vino lo malo, o sea, lo bueno.

Aquel sábado de agosto en que finalmente se publicó la entrevista en que le presentaba como «estafador», yo estaba comprando gusanos en Guadalajara para ir a pescar al embalse de Entrepeñas. Justo entonces sonó el teléfono. Era Él.

«Querido, te llamo para decirte tres cosas. La primera es que he leído esa cosa que has sacado hoy y eres una persona inmoral... La segunda es que la vida da muchas vueltas y ya nos encontraremos... La tercera es que tengas un buen día».

Y colgó.

Estuve dándole vueltas al volante y pensaba que inmoral no soy. Imbécil sí, claro. Me podría haber llamado imbécil y santas pascuas, pero no inmoral. Sobre todo imbécil después de la escenita del cuadro.

El cuadro estaba detrás del sillón en que se sentó él. Uno con un marco de madera lleno de celosías doradas, hermosísimas, de apariencia muy antigua, un marco enorme y alambicado. «Qué marco más bonito el de ese cuadro», le dije por decir, lo mismo que cuando hago cosas por hacer y siempre la cago.

No había encendido la grabadora, pero a esas alturas él ya debió de comprender que aquella entrevista era un error. Mario Conde me dijo: «Lo que hay dentro del marco es un Sorolla».

En su *Elogio de la renuncia*, Alejandro Dolina cuenta una de las renuncias más breves de la historia: «Yo no me llamo 50 pesos. Firmado Ramón». El escritor argentino decía que, si no podemos orgullecernos demasiado con lo que hemos hecho, que nos quede por lo menos el orgullo de lo que no hemos querido hacer.

Me siento cómodo en esa definición. Muchos de mis amigos y compañeros de generación también. Llega un momento en que te das cuenta de que la libertad consiste no tanto en hacer lo que quieres, sino en negarte a hacer lo que no quieres. Pero entonces ya suele ser demasiado tarde.

Somos lo que nos hemos negado a firmar. Lo que no nos ha dado la gana de hacer. La gracia que no le hemos reído al otro aunque le pareciéramos un maleducado. La cena profesional a la que nos convenía ir y no fuimos porque, al final, escogimos quedarnos tan ricamente en casa y que le dieran por culo a la conveniencia.

Ahora bien, también somos lo que no hemos tenido arrestos para decir. Eso es lo que nos define.

En un momento de *Billy Summers*, la última novela de Stephen King (vaya, la última a la hora de rematar estas páginas, que el tío escribe, eh, y rápido), ella le dice a él: «La vida es una fiesta y las fiestas se terminan».

Existir es eso. Ver cómo van terminando las fiestas a las que ya ni vas, cómo van cerrando para siempre un puñado de bares donde el dueño ya no te fiaría, cómo van desapareciendo los quioscos donde empezaste todo, cómo ya no logras bajar cinco kilos después del verano, sino dos. Y conseguir encajar en el bodegón a pesar de todo y de todos.

Cuando frisas la treintena eres combustible fresco de país, carbón joven de la sala de máquinas que tira de los vagones, el futuro. Hasta que levantas la cabeza del ordenador y han pasado dos décadas.

El año en que llegué a Carabanchel siendo un niño de los ochenta, los parques estaban llenos de jeringuillas con sangre. En los recreos del comedor del colegio, un chico llamado Rafael Ponce de León esnifaba pegamento. Una mañana, otro chico llamado Santi me dio unas hostias porque la maestra le había quitado el balón después de romper un cristal, y esa maestra era mi madre y me iba a enterar. Lucía, la chica que me gustaba, terminaría muriendo de sida con el paso del tiempo. Muchos llegaron a hacer cosas importantes: no quejarse, crear una familia, alimentarla.

Sí, me gustaba la periferia, ser periferia.

Eras de la periferia porque no te creías el centro del mundo.

Las periferias. Los asimétricos. Los desiguales. Los de las páginas de sucesos. Los de las fotos en blanco y negro. La ejemplaridad de los rotos.

En su *Tetralogía de la ejemplaridad*, Javier Gomá dice que la ejemplaridad es una invitación a una vida digna y bella, una imagen de la vida que tiene que ser compatible con el error, con lo roto. El filósofo abomina de la ejemplaridad que exige la pureza de un pasado sin mancha, de esa que no te permite la comisión de un error. Porque la ejemplaridad no puede ser una doctrina que niegue la posibilidad de equivocarse. Gomá tiene cincuenta y siete años. Sabe de lo que habla. Habla de nosotros.

Con los años, los *babyboomers* hemos perdido la gracia. La generación catapulta es hoy una generación tapón. Una futura gerontocracia de resabiados que a veces es rémora y que a veces es implacable tribunal. En un mundo que se dedica a hablar muy mal del que no está delante deberíamos dedicar cinco minutos diarios de nuestra vida a hablar bien de algún amigo o conocido que no haya venido a la cita.

No me gustan los que hablan mal de los que hablan bien. Los que creen que el buenismo es malo a lo peor es que piensan que el malismo es bueno. No me gustan los quioscos cerrados y las aplicaciones abiertas.

Un amigo mío charcutero de la periferia me dijo un día que a los cuarenta años le das la vuelta al jamón y empiezas a comerte la otra parte.

Y aquí estoy. Con cincuenta cumplidos en agosto de 2021. Comiéndome la parte más dura y menos jugosa. A veces con apetito. A veces sin hambre. A veces masticando desganado. A veces escupiendo entre dientes.

Porque hay que comer.

Como generación no habremos inventado la pólvora, pero la utilizamos generosamente cada día.

Me lo dijo Rafael Chirbes, paseando por Denia, mientras le acompañaba a una farmacia para poner remedio a su tos: «Es verdad que el mal triunfa siempre, pero la dignidad del ser humano consiste en mantenerlo un segundo a la puerta de casa. Y, sobre todo, en no colaborar con él».

Luego escupió en un pañuelo.

Vamos sumando victorias así.

No sé si ya somos todo aquello contra lo que luchamos a los veinte años (José Emilio Pacheco), pero, si es de ese modo, me gusta serlo con ellos cerca. Un puñado de amigos. No más de cinco o seis. Pongamos, Antonio, Eduardo, Javier.

Acaso la traición sea menor si es una traición compartida. Con una larga sobremesa, intercambiando opiniones de libros o de política o de cine o de derrotas. No hablar de si existe Dios o no, sino hablar de qué lado estará. Trazar un mapa. Tomar juntos los medicamentos que nos recetamos los unos a los otros por separado. Viajar al Josealfredo después. Verles reír de esa manera. Sentirse bajo techo y a salvo mientras los otros diluvian ahí fuera. A lo peor ser todo aquello contra lo que luchamos, sí, pero al menos celebrar la lucha. Y pedir otra.

En busca de cobijo
(una experiencia)
Antonio Lucas

Creo que pensamos mucho más con los instru mentos que nos brinda nuestra cultura que con nuestros cuerpos, y por lo tanto la diversidad de pensamiento es mucho mayor en el mundo. Pensar es una forma de sentimiento; el sentimiento es una forma de pensar.

SUSAN SONTAG

1

Al expulsarme de aquel colegio de curas salvaron mi adolescencia. Es lo mejor que la Iglesia ha hecho por mí, de momento. Un gesto tan piadoso, benéfico y salvador que aún me parece extraño no creer de golpe en Dios sólo de pensar en las consecuencias del regalo. Era 1990. Desde ese momento quedé en deuda con los padres agustinos de mi EGB. La expulsión ocurrió a la vez que las obras de la Expo 92 y de los Juegos Olímpicos de Barcelona. Dos años antes. Así que, mientras la pletórica España preparaba una nueva expedición hacia otro momento histórico (naturalmente hueco y falsorro), yo estrenaba una vida llena de posibilidades como joven beneficiario de las bondades pintorescas de un pintoresco país. Y lo hacía, personalmente, despojado de culpa, dispuesto a impulsar mis ambiciones a lo más alto porque cambiar de un colegio religioso y concertado (Agustiniano) a un instituto concertado y laico (Montserrat) dispensaba la posibilidad de tener sitio en el lugar adecuado. (Aún me pregunto, treinta años después, «adecuado» para qué). El primer día de clase, en el primer año de BUP, hice los primeros amigos duraderos, los de la adolescencia. Estaba dispuesto a no dejar pasar ninguna oportunidad. También encontré a la primera amiga, lo que llenó de júbilo el estreno porque venía de la educación segregada, de un minimalismo combinatorio desagradable. En la España de los noventa aún estábamos como país muy por detrás de lo que proyectábamos como sociedad.

Al Montserrat llegué con un entusiasmo exagerado. Llegué con un conocimiento aceptable de asuntos de poesía. Llegué con algunos libros leídos. Llegué con asombro. En el colegio, la poesía no me sirvió de nada. Puede que no tuviésemos edad, pero en esos primeros años de *padrenuestros* tampoco tuve cómplices. Iba acumulando asuntos por compartir que a nadie importaban. En el instituto, ahora sí, aparecieron algunas personas a las que no les resultaba odiosa la poesía, ni siquiera ajena. Y otras que al escuchar la cita de un título sumaban una referencia complementaria. Aún no escribía poemas, pero sabía leerlos y detectar entre la multitud del recreo a quien los leía. En la primera semana de curso hice un barrido sociológico en mi clase y tuve la sospecha de cinco o seis lectores. Por la indumentaria. Por el pelo. Por los botines de uno. Por el *foulard* de otra. Acerté en dos. Pero fue casi un pleno porque esos cinco o seis nos hicimos inseparables y fundamos, sin sonrojo, algo terrible: el Club de los Poetas Muertos. (Para qué inventar nada cuando estaba al alcance de la mano algo ya construido). Nuestro fervor pretendía también darle sitio e importancia a la adolescencia sin desechar ni uno de los tópicos robustos que hace de una edad lo que debe ser.

Empezamos a leer suplementos culturales con una combinación de ingenuidad y soberbia. Ingenuidad por efecto de desconocerlo casi todo según nos lo íbamos creyendo; y soberbia por considerar que ya teníamos superado aquello que decían los periódicos. El 19 de octubre de 1991 era sábado y compramos un ejemplar de *El País* para repasarlo entre cinco, principalmente porque ese día presentaban un nuevo suplemento cultural, *Babelia*. En casa mi padre había dicho que *El País* —años noventa del siglo pasado— suele afinar bien en asuntos de cultura, y eso basta, pensé, para dar un contenido extra a nuestro selecto Club de los Poetas Muertos. Sin saber que éramos terriblemente convencionales jugábamos a conspirar contra todos los convencionalismos. Aprobamos *Babelia*, hicimos la comparación con el *ABC Cultural* y los más preparados también disertaron sobre los avances o retrocesos de *Disidencias*, suplemento de *Diario 16*, el primer periódico moderno al que me acerqué porque mis padres también lo leían. *Diario 16* estaba pegado al ánimo aún humeante de la Movida madrileña. Convocaba los premios Ícaro y Dédalo, a repartir entre creadores emergentes y los de obra bien trabada. *El Mundo* era el más reciente de los periódicos de aquel año 91 (nació en octubre del 89) y ofrecía un suplemento que nos gustaba: *La Esfera*. Al timón, Elvira Huelbes. Era el que iba más por libre. Por eso nos atrajo. Nuestro plancton de nenes tarambanas se afianzaba en ese jaleo de suplementos y papeles leídos compulsivamente, sin enterarnos de mucho y libando títulos, nombres, tendencias y datos como para que nos estallase cualquier día la cabeza.

En enero del 91 también vimos por vez primera una guerra en televisión. Una de verdad. El asalto de Irak a Kuwait. Los pozos de petróleo ardiendo eran la imagen exacta del apocalipsis para unos adolescentes atravesados de ráfagas líricas. En los veinte minutos de recreo éramos capaces de ir de la devoción por Baudelaire a la denuncia del abuso tremendo del imperialismo, sin descompresión previa. Una guerra emitida en tiempo real era lo que necesitábamos para confirmar que estábamos siendo reclamados para resolver el mundo incompetente que nos dejaban. Nosotros sí sabíamos apostar por la arcadia y sus chucherías, que en aquella edad, hijos de las clases medias con ganas de alboroto, se resumía en tomar partido por cualquier asunto que contradijese a los adultos. En el Instituto Montserrat me sentí bien. Estaba rodeado de tropa interesante, los clasificados como raros y otros que en algún momento estaba clarísimo que iban a ganarse la facultad de interesar, de enrarecerse. Ese año de la fundación del Club de los Poetas Muertos, Michael Jackson publicaba *Dangerous*, un disco fabuloso, y además le asignaban una relación con su chimpancé. La verdad del asunto, cuando emergió, fue mucho peor.

Uno de los primeros propósitos de mi vida adolescente era considerarme poeta de manera unilateral, que es la más esforzada. «Poeta» es palabra de sonoridad redonda. Había que escribir, pero la escritura misma puede convertirse en tarea que distrae al poeta. Con catorce o quince años leía. Leía mucho. Leía en estado de gracia, que es leer gozando, de revelación en revelación como Tarzán de árbol a árbol, y sin guardar los prudentes tiempos de digestión. A veces perpetraba algún poema que sonaba a la última lectura. Quizá a Vicente Aleixandre, otras a Neruda, también a Alejandra Pizarnik, en los raptos más breves y despojados a Emily Dickinson. Y acudía a recitales de poetas mayores. Recuerdo las lecturas de Cultura Hispánica (un edificio chato entre el Faro de Moncloa y la Fundación Jiménez Díaz), capitaneadas por Rafael Montesinos, tan frágil, tan delgado, tan dulce, tan mínimo, tan barbado, tan flaco y tan fumador de pipa que a veces no se le veía la cara detrás de la cazoleta humeante. Montesinos sonreía maliciosamente con los ojos. Allí escuché de viva voz a Luis Rosales, a Carlos Bousoño, a Claudio Rodríguez, a Caballero Bonald, a Francisco Brines, a Pablo García Baena, a Clara Janés, a Félix Grande, a Francisca Aguirre... Intentaba ir a todo. Iba y regresaba a casa de mis padres en metro. En el trayecto volvía a leer sus poemas, por ir un poco más allá. Me había dejado crecer el pelo. Vestía de apaños textiles y combinaciones difíciles. Llevaba pañuelos largos. Parecía un anuncio de suicida lento y destinado. Eran los años de ganar la gracia por derecho, pues todo estaba por estrenar y aún los sueños eran ciertos e imposible su herida. Hay que ver de qué modo terco nos desgastamos.

Como vivir es, a los quince años, un torrente de preguntas, me esforcé por tener para todo una respuesta y un poco de hachís a resguardo en un *chivato*. Iba a rueda de los mejores escuchándolos hablar de poesía y leer sus versos. Descuidaba la narrativa por falta de tiempo, la gimnasia por falta de ganas, las clases por falta de estímulo (aunque aprobaba) y para compensar leía sin rumbo cierto. La incertidumbre, eso era lo mejor, estaba llena de claves precisas. Vivía como tenía que vivir, porque eso es lo que hace un poeta, entendí. También me propuse ser periodista. Es decir: ocuparme en algo de estudiar poco para tener la calle como excusa y llegar a casa con la noche encima. Compraba periódicos y escuchaba la radio. No hacerlo me parecía un signo de barbarie. Pero la sustancia estaba en la poesía. Enseñé los primeros poemas a un selecto grupo de amigas y amigos poco antes de que el traumatólogo me encofrase en un corsé ortopédico en el que pasé tres años retenido. El motivo del *arresto* fue una escoliosis lumbar de veintiocho grados de desviación por entonces (ahora va por treinta y tres). Tenía los primeros poemas escritos a mano y pasados después a papel formal con una Olivetti. Tenía una anomalía que me obligaba a llevar veintitrés horas al día una armadura y como mejor estaba era tumbado. Tenía lo necesario para salir de la tienda de ortopedia con el kit completo de poeta. Siempre creí que la tuberculosis hacía escritores, pero no descuides las posibilidades premonitorias de los huesos. Para completar la ficha del buen paciente, en la casa familiar había una biblioteca amplia (hoy es aún más numerosa) con libros extraordinarios de poesía, de narrativa, de arte, de historia, de ensayo, de política, de filosofía o teatro como para no tener que salir al balcón más que a tomar aire de vez en cuando, rivalizando en Madrid con las ballenas. Ninguno de mis amigos poetas me abandonó en aquellos días del corsé, pero hicimos una *quema* del Club de los Poetas Muertos con la firme promesa (necesariamente traicionada) de convocarnos cuando me liberasen del tubo de fibra de vidrio que me sostenía tieso. Aquello se extendió entre los quince y el final de los diecisiete, justo al borde de ingresar en la universidad. Entonces sí, en aquellos casi tres años, los poemas propios empezaron a salir y los acumulé en carpetas con indicaciones precisas sobre el orden de aparición, fechas de escritura y qué hacer si yo faltaba. Empecé en la poesía con una extraña vocación de muchacho feliz haciendo previsiones de gloria por obra póstuma antes siquiera de publicar un verso. Síntoma de mi temible afán por prevenir. Repartía el tiempo entre el instituto, el cine y la música en tocadiscos. Dejé de salir. Dejé de relacionarme más allá de las horas de clase y el teléfono de góndola del salón. No estaba presentable. Llevaba pantalones de dos tallas más para poder abrocharlos por encima del corsé ortopédico. Y camisas amplias para que las correas de sujeción no se apreciasen. Iba hecho un pintas, a falta sólo del monóculo, y andaba estiradísimo. Insisto: en tres años descubrí que la poesía es algo minucioso que, si se toma en serio, si se busca de verdad, termina convirtiendo la vida en escritura. Y así fue.

2

Mi primer amigo en la poesía fue Pablo García Casado, un poeta cordobés (ahora incluso buen novelista), al que conocí en un arriesgado encuentro en la iglesia que hay frente a una de las esquinas del estadio Santiago Bernabéu. Fue en día de fútbol. Pablo, con el que había hablado mucho por teléfono pero no cara a cara, venía a Madrid empotrado en un autobús de la peña del Real Madrid de Córdoba. Y unas horas después, con el resultado que saliese, regresaba a Córdoba en el autobús de la peña, sin demora. Era domingo. Me citó media hora antes del inicio del partido —nunca había estado fuera (ni dentro) de un estadio en día de juego—. Para encontrarnos me dio algunas pistas precisas: «Llevo camiseta y bufanda del Madrid. Soy alto. Moreno. Llevo gafas». Le bastó con eso. Por supuesto, no nos encontramos hasta que se vaciaron los alrededores del estadio. Yo sí que iba concienciado: llevaba pantalones naranjas. Cuando sólo quedamos dos muestras humanas en la puerta de la iglesia que hay junto a una de las esquinas del Bernabéu nos fuimos directos el uno al otro haciendo gestos enormes con los brazos (aún dudé de que fuese Pablo, pero en la carrera del encuentro quedaba extraño echarse atrás). Sin comprobación previa nos fundimos en un abrazo desmedido para una primera cita entre dos chicos que sólo se saben poetas. No dio tiempo a decir mucho más porque Pablo tenía que entrar al Bernabéu, donde lo esperaba la peña del Real Madrid de Córdoba para hacer el molinete con la bufanda blanca durante noventa minutos y corear sus cosas. Los aficionados cordobeses desconocían que a uno de los suyos le gustaba la poesía. Incluso que era un estupendo poeta. «Mejor así —me dijo—. Venimos a lo que venimos». Ese senequismo me pareció sabio. Pablo sigue ahí como uno de mis mejores amigos. Nada pudo salir mejor en medio de tanto contratiempo. Empezamos a llamarnos con más frecuencia, a enviarnos poemas por correo postal, a comentar las cosas del mundillo (un mundillo medio inventado entre nosotros, porque todo lo real lo sabíamos de rebote y de quinta mano). Pablo me invitó a participar en unas jornadas poéticas en su ciudad, que entonces era la Constantinopla de la poesía joven española de los años noventa (competía con Oviedo por el título, pero Córdoba siempre fue mejor). Me presentó a una tribu insomne de poetas nuevos (Eduardo García, Joaquín Pérez Azaústre, José Luis Rey, Antonio Luis Ginés, Currito Bernier, Antonio Agredano, Eduardo Chivite, Antúnez... También a dos adolescentes que casi todos consideraban furias aún inéditas del lugar: Elena Medel y Alejandra Vanessa). Entonces, Córdoba era también la nave nodriza de algo sonrojante llamado *poesía de la diferencia*, una *mara salvatrucha* de perdigones líricos y complejos leñosos capitaneada por un tal Antonio Rodríguez Jiménez, veinte años mayor que nosotros, cuasipoeta y subperiodista que se dedicó a hacerse un nombre por los suplementos culturales de la región y en las verbenas de la provincia de Córdoba soltando espuma por la boca contra lo que se llamó *poesía de la experiencia* (por sintetizar: poetas ultramejores que él). Para entonces ya me habían extirpado el corsé. Tenía la selectividad aprobada con lo justo. Me admitieron en Periodismo (Universidad Complutense). También me disculparon de la mili por la escoliosis. Tenía un libro de poemas rematado e inédito. Y empezaba a enterarme vagamente de cómo funcionaba el humus literario de este Madrid. Los buenos amigos y poetas cordobeses fueron la primera compañía generacional. Mi brújula de lecturas hasta entonces era una mezcla de muchas cosas, entre ellas algunas pistas certeras de mi padre, lector exigente y amigo de tantos de los que yo admiraba. Además, como ya he dicho, leía todos los suplementos y por eso creía saber.

La orografía poética de España es fascinante. No recuerdo, en lo leído y en lo testado, un momento del siglo xx (parecía infinito de lo que se extendió) en que no orbitase una camada poética de primer nivel. Incluso en los años brutales de la posguerra —de polución fascista—, después de la *razzia* aplicada por la dictadura, quedaron poetas notables (de un bando y del otro). Y batallas despiadadas. Y versos lanzados a degüello. Y traiciones. Y envidias. Lo que más, envidias. En la poesía española se envidia muchísimo. Yo he envidiado, como corresponde. Pero me he preocupado por envidiar la obra de aquellos que no se puede alcanzar, así da menos fatiga porque la envidia se inmola en favor de la admiración. Por ejemplo: a Juan Ramón Jiménez, a Rosalía de Castro, a Aleixandre, a Lorca, a Cernuda, a Claudio Rodríguez, a tantos. A los vivos me cuesta más. A éstos los quiero, los respeto, los soporto o me dan igual. Pero envidia, no.

3

Ya estoy en la universidad. Empiezo a tener más contactos con poetas de distintas promociones porque voy desde el último año de instituto, aplicadísimo, a los Cursos de Verano de El Escorial. Aquello era una Babel. Me matriculaba en cursos de literatura y de periodismo, indistintamente. En cada año, al menos, dos. Al tercer verano dispuesto a hacer mi tradicional curso, justo cuando se acercaba el día de la matrícula (en los noventa estas cosas aún se resolvían en persona y se abonaba el importe en la ventanilla de alguna sucursal bancaria), me llamaron para invitarme a participar de ponente en una mesa redonda, algo que anuncié sin rubor en medio mundo. Era una manera de saltar hacia delante en el escalafón: de alumno a ponente. Acepté y de paso hice el curso entero aprovechando la estancia. Seguía descubriendo con agrado a poetas y músicos. Principalmente estas dos derivas. Y debía de ser ya el año 95. Lo recuerdo casi bien porque mi primera novia tuvo un gesto exageradamente sentido que siempre le agradeceré. Me pidió el manuscrito de aquel primer libro con el que no sabía qué hacer. Lo titulé *Antes del mundo*, imagen extraída de un poema de Pedro Salinas. Durante un par de semanas lo tuvo en su casa y cuando me lo devolvió venía con mucho subrayado en la parte que le había dedicado a ella. Fue generosa en su juicio, a pesar de que la poesía no estaba entre sus preferencias. Pasó julio y agosto, y en septiembre me confesó algo disparatado para mi gusto: se enteró de que existía un premio llamado Adonáis, que conservaba el prestigio a pesar de mil años de existencia, así que fue a enterarse de las condiciones que exigían las bases a las oficinas de la editorial que lo convocaba, Rialp, en la calle de Alcalá entonces, en el tramo de allá de la plaza de Las Ventas. Cumplió escrupulosamente con todos los requisitos (incluso sacó una fotocopia de mi carnet de identidad sin que me enterase) y envió las copias de *Antes del mundo* al premio.

(Cuando confesó que el libro iba a concurso estábamos viajando en un interraíl que hicimos entre septiembre y octubre porque yo había empezado las prácticas de periodista en la sección de Motor del diario *El Mundo* entre julio y agosto. Fue uno de los mejores agostos de mi vida. La redacción estaba entonces en la gloriosa sede de la calle Pradillo, 42. Había cursado tercero de Periodismo en la facultad de Ciencias de la Información de la Universidad Complutense. Ingresé en el periódico como aprendiz un año antes que los demás becarios de mi promoción porque tenía el plácet de quien era entonces presidente de la compañía, Alfonso de Salas, un empresario de periódicos amigo de mis padres y a quien recuerdo sagaz y con una bonhomía de hombre callado y de ojos guiñados de buena diversión. En *El Mundo* llevo veintiséis años).

La confesión, decía. Viajábamos en un tren de Venecia a Florencia y soltó: «He enviado tu libro al Premio Adonáis. No debes enfadarte porque no tiene remedio. Así que en diciembre sabrás si tienes libro publicado o no. A mí me gusta mucho. Por mí serías el premio». Era mi novia, y con esa condición no siempre es posible ajustar la realidad al deseo. Después de que picaran nuestros billetes sugerí al revisor que nos cerrase por fuera el compartimento, así fue que en aquel trayecto la liamos dentro. En aquel tiempo conocí París, Bruselas, Berlín, Salzburgo, Copenhague, Venecia, Florencia, Pisa, Portbou. Los museos, las librerías, las tiendas de arte africano, las galerías, los galpones con los kebabs más baratos a este lado del mundo, las pensiones de baño compartido, sórdidas y sugerentes, los trenes nocturnos que cosen Europa, tugurios terminales, a un seminarista que fumaba kifi en una pipa de caña fina y a un argentino que llevaba dos años leyendo el *Quijote* en exclusiva con intención de memorizarlo. Qué sé yo. Aquella aventura fue una descomunal conexión interior con lo más raro que habita ahí fuera.

Regresé a la universidad con el curso en marcha. Cuarto de Periodismo. Volví a los amigos. Retomé las conversaciones infinitas en la cafetería de la universidad, donde desplegábamos saberes a medio cocer aunque convencidísimos de poder decir las frases con las palabras más gruesas. La política importaba tanto que nos gritábamos con gran disgusto por asuntos en los que estábamos perfectamente de acuerdo. Y llegó diciembre, que es el mes del Adonáis (aún lo fallan en esos días). Una semana antes recibí una llamada y alguien muy amable de la editorial Rialp me sugería ir a la lectura del fallo porque mi libro estaba entre los diez finalistas. Se daba un premio y uno o dos accésits. Saber que éramos diez me desfondó, pero acudimos. Había una nube densa de gente en uno de los salones de Casa de América, forrado de cornucopias, lámparas, bronces, alfombras, seda recubriendo las paredes, frescos alegrando el techo... Miraba alrededor y veía caras tan felices que por un momento sospeché que el premio se había fallado, lo habían dado a nueve libros y sólo quedaba yo fuera. Mi novia de entonces me empujó suavemente hasta las primeras filas de gente en pie (la ceremonia se celebraba sin sillas), me enclavijó a la alfombra y se marchó. Cuando la volví a localizar estaba en mi sitio preferido de la sala: apoyada en el marco de la puerta de salida. El jurado apareció puntual (a las 20.00, por una entrada imprevista) y se situó frente al público en una disposición muy graciosa, del más alto al más bajo, como los hermanos Dalton: Rafael Morales, Luis Jiménez Martos,

Rafael García, Claudio Rodríguez y Pureza Canelo. De izquierda a derecha. Yo estaba nervioso fingiendo una terrible calma. Claudio Rodríguez echó unas frases de bienvenida antes de dar dos ideas breves, precisas y sagaces sobre la poesía. Habló también del éxito de la convocatoria y de las promesas que se agolpaban ese año como posibles ganadores del galardón, destinado a poetas menores de treinta y cinco y con una dotación de 25.000 pesetas. Lo di por perdido, claro. Yo tenía veintiuno —cumplo el 28 de diciembre y esto sucedió el 14 o el 15 de ese mes—. No recuerdo quién de ellos leyó los nombres, pero lo hicieron en sentido inverso. De menos a más: «Segundo accésit: para el libro *La vigilia del tiempo*. Abierta la plica, la autora resultó ser la poeta Beatriz Hernanz». Y Beatriz Hernanz apareció desde atrás por el pasillo que le hizo la gente. Dio la mano a los miembros del jurado, le dispensaron una placa o algo así, sonrió de frente al auditorio y volvió a desaparecer por otro lado porque el pasillo espontáneo se había disuelto. La solemnidad de la lectura del fallo tenía un sesgo cómico. Me quedé pensando unos segundos en el motivo de decir así los ganadores de los premios. No encontré un argumento convincente. «Primer accésit: para el libro *Antes del mundo*. Abierta la plica, el autor resultó ser el joven poeta madrileño Antonio Lucas, de veintiún años». Lo había escuchado perfectamente, incluso cómo subrayaban mi juventud, pero aun así hice un rápido gesto de comprobación echando la vista atrás y busqué a mi novia de entonces, que daba unos saltitos graciosos y descoordinados en la puerta de acceso a la sala golpeando con la melena suelta en todas direcciones. Con la mano me hizo un gesto para que mirase hacia delante (interpreté así el gesto), aunque en verdad era para que me acercara a dar la mano a los miembros del jurado, como se esperaba de mí desde hacía un rato. Di los pasos oportunos, extendí la mano, recibí una placa o algo así y al darme la vuelta, ya frente al público, fui consciente de algo que me intimidó como si tuviese yo la culpa: las miradas condescendientes de los más mayores de la sala. Sus gestos de aprobación y de esperanza en la juventud. Cantaron el primer premio, pero yo estaba de cabeza metido en un territorio emocional complejo y me enteré de quién se llevaba el Adonáis al día siguiente leyendo *El Mundo*. Contesté ahí mismo a unas cuantas preguntas para radios y televisiones. Recuerdo con cariño a alguien que después ha estado presente en la vida de muchos poetas, por poeta y por periodista, Javier Lostalé, el primero en cercarme con el micrófono de Radio Nacional de España para que dijese algo que en verdad no llegué más que a amagar. Mi novia de entonces había salido disparada a la calle a buscar una cabina para llamar a mis padres y a los suyos. Era 1995. Diciembre. Cuando salí de Casa de América como accésit del Premio Adonáis noté el invierno más que al entrar. La encontré en la cabina de la acera de enfrente. Nos abrazamos dentro. Como aún no tenía demasiados amigos en el ecosistema de la poesía no aproveché las veinticinco pesetas que sobraron de las llamadas familiares. Fuimos a celebrarlo al Libertad 8, centro de alto rendimiento de cantautores del barrio de Chueca. Estábamos los dos solos en la barra y un par de parejas en el saloncito interior, donde el escenario de los cantantes. Entramos al local a los gritos, propulsamos risas sonoras, pedimos algo de beber, repasamos los detalles del fallo del premio y después hicimos lo previsto y lo de siempre: la acompañé a Cibeles, donde subió al autobús número 34 de la EMT, en dirección a Carabanchel; yo fui andando a casa de mis padres. Aquella noche ingresé en otro espacio de la literatura española, sección poesía: el de los jóvenes poetas con libro publicado. Era una promesa «a la que seguir de cerca; habrá que ver si confirma». Un posible candidato a la gracia de ser poeta de verdad algún día. En España pierdes el título de poeta joven, más o menos, a partir de los cuarenta y pocos. Hasta entonces se estira la maldición de la juventud, incluso de la «promesa» en los peores casos. No exagero. Tenía margen para intentarlo.

4

El accésit del Premio Adonáis me hizo sentir instalado en el lugar de la poesía. Y, por extensión, en la trama de la cultura. Aunque leía principalmente a poetas de todos los géneros y tradiciones, el ruido lo hacían en esos días los novelistas. Una nueva melé de narradores generaba estruendo. Todo el mundo (o lo que a mí me parecía «todo» y «mundo») hablaba de unos cuantos de ellos. Aparecían en suplementos, en páginas de cultura de periódicos nacionales, en televisión, en radio, en revistas que yo veneraba (*Ajoblanco, Quimera, Archipiélago, Revista de Libros*), en otras que leía con interés (*Ínsula, Qué Leer, Leer,*

Letra Internacional, Clarín, Renacimiento, Condados de Niebla) y algunas de zascandileo que me gustaba hojear (*Vanidad, Neo2*). En España aún asomaban quioscos a cada paso, existían revistas culturales y gente que las compraba. Ray Loriga había publicado *Lo peor de todo* (1992), *Héroes* (1993) y *Caídos del cielo* (1995); Eloy Tizón, *Velocidad de los jardines* (1992); Belén Gopegui, *La escala de los mapas* (1993); Benjamín Prado, *Raro* (1995); Juan Manuel de Prada, *Coños* (1994), *El silencio del patinador* (1995) y *Las máscaras del héroe* (1996); Lucía Etxebarría, *Amor, curiosidad, Prozac y dudas* (1996); pero el tifón lo desató José Ángel Mañas con *Historias del Kronen* (1994), novela finalista del Premio Nadal, escrita (según el autor) en quince días y que se desarrolla en Madrid en el verano de 1992, donde un grupo de amigos desbarran con abundancia. Las primeras frases de *Historias del Kronen* nos dejaron con la mandíbula del revés la mañana en que la leímos en la cafetería de la facultad: «Me jode ir al Kronen los sábados por la tarde porque está siempre hasta el culo de gente. No hay ni una puta mesa libre y hace un calor insoportable». Nos pareció (y lo digo en el *plural ciego* de ponerle voz a los otros) que algo se movía de sitio. Si se podía escribir como uno hablaba, quedaba mucho por escribir. Descubríamos en esos días a Carver y a Bukowski. Sobre todo a Carver. Y el *Kronen* era la extraña coronación de una literatura desmadejada, urgente, reconocible y eficaz.

En los noventa, la mecánica del hedonismo de la juventud creadora empezó a rodar. En los ochenta fue el cielo de las bandas de rock, de los artistas plásticos (Barceló, Broto, Sicilia, Campano, Susana Solano, Juan Ugalde, Juan Uslé, Patricia Gadea, Carlos

Franco, José Lucas, Manolo Quejido...), de algunos cineastas. También de poetas jóvenes de la ráfaga del surrealismo como Blanca Andreu y Miguel Ángel Velasco. Y de escritores como Javier Marías, Francisco Umbral, Soledad Puértolas, Juan José Millás, Eduardo Mendoza, Antonio Muñoz Molina, Javier Cercas, Julio Llamazares... Convivían con algunos tótems del principio del siglo: Gonzalo Torrente Ballester, Rosa Chacel, Camilo José Cela, Rafael Sánchez Ferlosio, Juan Goytisolo, Jesús Fernández Santos, Carmen Martín Gaite... Pero ahora llegaba el turno de otra especie: los novelistas veinteañeros que no parecían buscar una meta prioritaria en los pabellones culturales instaurados. Algunos con modales culturales de otra especie. Escribían con la apariencia inofensiva de quien se busca la voz, pero empezaron a abrir un surco en la España derramada de los años noventa, donde la economía (entre la ceguera y la sordera) daba señas de arrogancia como país de consumo acaparador. El calambre narrativo de aquellos jóvenes irrumpió como anfetamina para adornar el croma de un paisaje editorial en busca de *nuevas experiencias* que ampliasen las expectativas y pulsiones de consumo. Una nueva estética *alternativa* encontraba altavocía en los canales convencionales. Los medios de comunicación entendieron que había que explorar esta mercancía exaltada (se daba en todo el sector de la cultura) y se entregó al empeño de generar opinión legitimando la *nueva ola*, especulando sobre los motivos de esta «sensibilidad espontánea» que se concretaba en escritoras y escritores que aparecían (algunos de ellos) en revistas y periódicos como moldes del *buen salvaje* rediseñando con su carácter desacralizador la imagen del literato. No sucedía con todos, pero sí con los que más triunfo y fama proyectaban. Unos escribían desde la convicción, otros desde las reglas que marcaba el hallazgo de una veta generacional, intentando explotar la fórmula. Quienes continuaban su camino al margen tenían menos sitio para despegar, o para seguir senda. El poder transformador de la literatura se podría resumir, para buena parte de las grandes editoriales de ayer y de siempre, en mantener alto el caudal recaudador.

En paralelo, la poesía seguía también su curso acelerado aunque desde la modestia de los números. Los poetas de la experiencia (convocados en el lema de «La nueva sentimentalidad» por *dictum* del agudísimo catedrático de la Universidad de Granada Juan Carlos Rodríguez) se convirtieron en referente para los medios de comunicación de masas y para tantos lectores (y cantautores, otra *empresa* recobrada). Aquella promoción lo estaba pasando muy bien. Eran (y son) Felipe Benítez Reyes, Luis García Montero, Carlos Marzal, Vicente Gallego... y otras u otros nacidos en los años sesenta. Suavemente algunos nos fuimos asomando al tinglado de las corrientes poéticas. Una fiesta que se iba abriendo poco a poco a nuevas gentes. Pero ellos, los de la «experiencia», tenían la *representación* más abundante de la poesía ibérica, junto con los poetas de la generación del 50 que se mantenían en buena forma: José Manuel Caballero Bonald, Francisco Brines, Claudio Rodríguez, Ángel González, José Ángel Valente, José Agustín Goytisolo, Carlos Sahagún, María Victoria Atencia, Julia Uceda, Antonio Gamoneda... (Antes del 2000 habían muerto

Carlos Barral y Jaime Gil de Biedma). Y también convivían en el tiempo (y el espacio) con algunos otros de distintos orígenes generacionales: Carlos Bousoño, José Hierro, Pablo García Baena, Julia Uceda, Juan Luis Panero... La poesía de la experiencia mantenía, a la vez, una decidida tensión con los novísimos (generación del 68 o *venecianos*), entonces también con rotunda presencia en publicaciones, festivales, recitales, homenajes y demás obsequios de una España hímnica donde funcionaban a la vez distintas estéticas tajantes. Entre los novísimos destacaban Pere Gimferrer, Antonio Colinas, Guillermo Carnero, Ana María Moix, Leopoldo María Panero, José María Álvarez... (Félix de Azúa, Antonio Martínez Sarrión o Manuel Vázquez Montalbán estaban ya en proceso de adiós a la poesía). Y alrededor, con capacidad imantadora, repicaban Jaime Siles, Luis Antonio de Villena o Luis Alberto de Cuenca. La novísima era una generación de voluntad mundana, otra manera de rechazo al franquismo. Estaban más a favor de la cultura que de la acción política y sus riesgos, a excepción de Vázquez Montalbán, declarado comunista. De algún modo habían dejado atrás a Franco antes del fin de la dictadura. Muchos de sus libros podrían haberse publicado por igual antes o después. Es decir: no corrían peligro. El compromiso político apenas tiene rastro en sus poéticas. La fuerza de su disidencia era firmemente estética —excepto en Vázquez Montalbán, insisto—. Tuvieron en Aleixandre —Premio Nobel de conjunto a la generación del 27— al primer maestro de energía. Irrumpieron en 1968, casi adolescentes, dentro de una antología *escandalosa* diseñada por el crítico Josep Maria Castellet —*Nueve novísimos poetas españoles*— y asesorada al susurro por Gil de Biedma y Gimferrer (jefe de expedición del grupo). España tenía todo esto dentro y carburando a la vez a finales de los noventa.

En los márgenes de aquel cruce de caminos y tiempos orbitábamos un puñado de poetas jóvenes buscando algo, algo propio. Éramos muchos, muchas. Habíamos nacido a finales de los sesenta y en la década de los setenta. Ya veinteañeros y dispersados. Sin apetito de generación en un país fanfarrón donde la economía se aseaba en pan de oro (falso). Poetas y demás especies nos estábamos conociendo en esas convenciones decimonónicas de las tertulias después de los recitales (los convocaban a paladas y bien remunerados), en algunas páginas de revistas en las que coincidíamos publicando poemas, en los actos a los que nos invitaban. Los había guerrilleros de su propia causa y los había convencidos de la necesaria higiene de ir a solas. También asomaban los gregarios. Y, sobre todo, los conscientes de que las réplicas de estrategia generacional resultaban un capital pobrísimo, una ingenuidad. Cada cual braceaba a su manera. Empecé a sumar nuevos amigos y amigas: Ana Merino, Lorenzo Oliván, Julieta Valero, Carlos Briones, Juan Antonio Marín, Carlos Pardo, Mariano Peyrou, Josep Maria Rodríguez... Espigábamos convencidos de que la poesía es lo más importante que teníamos. Aún lo creo. También frecuentábamos algunos garitos inexistentes hoy. Mis veinticinco años salieron extraordinarios. Aquel tiempo y los años sucesivos supe vivirlos bien. Amé, viajé, escribí, publiqué, me dejaron. Volví a amar.

5

Un día cumplí cuarenta y cinco. Fue en 2021. El mundo estaba bajo la amenaza de la pandemia por COVID y España casi recién desconfinada. Me puse a hacer memoria y sentí abultado el estanque de recuerdos. ¿Qué sucedió en los veinte años del medio? ¿Qué queda de aquel que hasta ahora he evocado? ¿Qué se mantiene? ¿Cuánto fue derrotado o traicionado o chafado por el camino? La poesía y el periodismo siguen en pie. En pie para mí. Vivo de una y de lo otro, aunque vivo de ambos de manera distinta. El periódico es parte de una unidad, de una actualidad que puede mostrarse dentro del mismo diario, incluso de la misma página, como algo a la vez necesario y vacío. El periodismo es caducifolio, transitorio. La poesía es un presente sucesivo. Entiendo mejor algunas cosas del mundo por el periodismo, desde su desconcierto y su avalancha. Pero sé lo que me importa del mundo por la memoria y la complejidad vulnerable de la poesía. El periodismo me permite decir que vivo. La poesía me concede crear mi vida. Alcancé los treinta asistiendo a la construcción cultural de un puente entre dos siglos, el XX y el XXI. Inaugurando colectivamente un milenio. Confirmando que las generaciones son muy fotogénicas, pero pocas resisten al tiempo. Y que en el absolutismo de la juventud se aprieta compulsivo el porvenir que después, mayormente, se va traicionando, se queda en deseo, se malogra, se modula, se desplaza, se imagina como ya no lo va a ser. Irrumpió una nueva manera de establecer contacto con el mundo, con los mundos: internet se extendió modificando hasta lo inmutable. Es la mayor de las revoluciones desde Gutenberg. Más que la imprenta, sí. Abre la posibilidad de romper todas las convenciones habilitadas en Occidente desde la Ilustración e instaura un sistema de megafonía, de oportunidad y de amenaza. Rompe las jerarquías estéticas del poder para amplificar el mismo poder de siempre en peores circunstancias. Establece una frontera líquida entre el triunfo y el fracaso. Acelera los acontecimientos. Mantiene en precario los pactos con los poderes del pasado. Y, entre muchas maneras de poner en solfa el control social, el control global, el control real de la especie, convierte en parias a quienes deciden mantenerse al margen, a quienes intentan no ceder. Incluso en rémoras nostálgicas los convierte. En seres inadecuados para la construcción de una nueva sociedad civil hiperconectada, hiperestimulada, hipercapitalizada.

—¿Y la cultura? ¿Dónde está la cultura? —pregunta alguien.

—Ahí la tenéis. Contraída y, a la vez, desplegada para vosotros. Cultura para todos. La Biblioteca de Alejandría a disposición. Acceso libre al saber sin límites... —contestan los gurús.

—¿Y cómo accedemos?

—Consumiendo, queridos míos. Oferta y demanda. Abrazando la retórica de la imbatible publicidad. La cultura es ahora lo que tenía que ser: un bufet. Llenad los cuencos. ¿Habéis visto *El hoyo*, la película de Galder Gaztelu-Urrutia? No os demoréis. Tomad y comed todos de él, porque esto es el siglo XXI que será habitado por vosotros. Sois la periferia. El centro es la red. El centro es virtual. El centro cambia de centro y la cultura cambia de cuento.

Hasta los cuarenta y cinco fueron muchas las experiencias, los hallazgos, los errores, los deseos concretados, los propósitos cumplidos y también los apetitos aplacados. Las traiciones aceptadas. Los daños. De aquel muchacho en construcción a esto de ahora han pasado algo más dos décadas que no son canjeables. Dos décadas invertidas en el periodismo y en las que también he publicado seis o siete libros. (En ese arco gané el Premio Loewe de Poesía). El tiempo preciso de mudar la piel. El tramo que va desde la posibilidad hasta la realidad. De la promesa en marcha a perder la gracia. Pero es probable que aún la mantengamos. O, al menos, quede de ella un rastro de canción en el camino.

En este tiempo afiancé a gente que amo. Me desprendí de cariños periféricos. Leí, aprendí, perdí la senda y tuve que regresar a algunas metas volantes. Entre una cosa y otra, me busqué un sitio desde el que escribir. Es importante tener un lugar desde el que querer escribir ya que es lo que más hago. No un cobijo ni un despacho, sino un territorio para mirar alrededor y hacer de eso un modal inconfundible; y después nadar, leer, caminar por el monte, desperdiciar algunas tardes (el mejor tiempo invertido), ir a Casa Paco con los de siempre o subir al Varela y al Josealfredo con los de casi siempre.

En estos veinte años imprescindibles hemos pasado de una cultura directamente relacionada con el malestar social a un mercado cultural incubado por un capitalismo del ocio donde el entretenimiento impone el canon —sinónimo de inspección cultural— y el discurso dominante. La literatura extendió sus canales: más editoriales, más títulos publicados, más comercio, más arrabal tomando posiciones de centralidad en la oferta de títulos (cocina, *mindfulness*, esoterismos, supercherías, superación y otros apósitos). Los suplementos culturales y las páginas de cultura de los medios de comunicación (en papel o digitales) pierden autoridad. La crítica se deseca. La *cultura popular* adquiere un retinte pop que nada tiene que ver con su sentido objetivo. Más allá de la cultura está la poscultura y para eso regresan conceptos ahora adulterados como *underground*, *trash*, *camp* y *elitismo*. El espectáculo ha conquistado en veinte años el perímetro cultural al completo. La cultura de *prime time* debe ser rentable, debe ser acontecimiento, debe ser espectacular. Ahora, además, la industria (signifique eso lo que signifique) rechaza la complejidad, la ansiedad y el conflicto. La experiencia del placer es lo que cuenta. Una experiencia suave, cómoda, acogedora, amortiguada, mullida. Lo mismo en series que en música. Igual en poesía que en ensayo. También en narrativa y en arte. Ni un ciudadano sin su concentrado cultural. Ni una red sin su oferta. Ni un catálogo sin su *blockbuster*. Ni un desafío sin su *mainstream*. Aumentó la venta de libros, se consume más música, se devoran los productos audiovisuales. Los pódcasts de ingrediente *cultureta* se multiplican... Sin embargo, la cultura es más frágil. Y las crisis se ceban contra sus dominios. Y el pensamiento que triunfa es blando, harinoso, adaptable, viral y *goretex* para repeler lo que exige compromiso o atrae barro. Tenemos un acceso universal a las herramientas de la cultura como nunca en la historia, pero triunfan los sucedáneos, los atajos contra el sobresalto. Una cultura para dinamizar el tiempo libre. Deslegitimada y mercantil. Ficcional y virtual. Otra experiencia metaverso, donde las cosas son y no son, donde la gente es y no es, donde todo sirve para todo y es igual a nada.

Esta deriva es algo que tengo testado desde el periodismo (centralidad deshaciéndose) y desde la poesía (lateralidad perenne). O lo que es igual: desde un generador de derivas y desde el acelerador de partículas de los márgenes. La poesía sigue ahí donde la depositaron antes de Cristo (a. C.). No da ni de merendar y esa modestia resulta intolerable en tiempo de emprendedores. La poesía, además, ofrece razones sensatas para demasiados asuntos del presente, como ocurre con las disciplinas gestadas en la incertidumbre, pero sus aplicaciones ni se quieren ni se saben buscar. Vuelvo por donde iba: hay una práctica de autodeterminación individual para generar un menú propio fuera de los canales *oficiales*. De los canales ideológicos (¿cultura es ideología?). Y la cultura sobrevive... En un lugar más áspero. Más desengañado. Más precario. Desde ahí interviene quien pinta, compone, escribe, canta, diseña, proyecta, filma, construye, retrata. Es otra red de la red. Las posibilidades de internet también han redoblado los alcances de este otro frente de acción. Eso es espléndido. Y aventan propuestas y debate. Desacatos. Soles distintos. Ideas que sirven de escotilla para coger otra luz, para tomar mejor aire.

Observo a alguna gente más joven, nacidos (por ejemplo) entre los noventa y los años 2000, desacralizando el mundo heredado en beneficio de algo por hacer o por tirar abajo. Ellos tampoco saben qué, pero quieren otra verdad. Nosotros, nacidos entre finales de los años sesenta y setenta del siglo pasado, teníamos a los veintitantos un horizonte que (con matices razonables) compartía coordenadas con un par de generaciones previas. Somos la generación X, dispuestos a cumplir con todas las traiciones que hace años rechazábamos. Si la astenia colectiva no acaba antes con las expectativas, la curva que hace el mar a lo lejos es ahora tan incalculable que podría ser la oportunidad para estrenar algo que está en construcción desde hace más o menos una década. ¿Un ejemplo? Los jóvenes narradores catalanes Pol Guasch y Xita Rubert. ¿Otro ejemplo? El narrador (a secas) Juan Gómez Bárcena. ¿Más? El poeta Mario Obrero. ¿Y hasta ahí? No, las poetas y narradoras Sara Torres y Andrea Abreu... Si la crisis climática no lanza el último adoquín contra el escaparate, los dividendos culturales cambiarán mucho el paradigma: quedan demasiadas preguntas por contestar. Me gusta el desconcierto. Me interesa la revancha. Me atrae la gestión de residuos que muchos de ellos y de ellas aplican contra quienes venimos antes. Sus referentes ya son otros. Y saben aprovechar el proceso de descomposición del cadáver. De nuestro cadáver. No son necrófagos, ninguna generación en el borde de un cambio lo es, tan sólo intervienen de otro modo en la producción de lo cultural. En lo que proponen leer, escuchar, observar. Bien que sea así.

Todo aquello que conocíamos, dábamos por válido y considerábamos capital simbólico de una sociedad que da el testigo a otra —así sucesivamente— pasa a simbolizarse con una nueva iconografía. Una iconografía mutante. Las modas no lo son exactamente. Quizá se parezcan más a los impulsos. Y duran menos. Todo tiene una proyección leve en el tiempo, infraleve exactamente. Los poemas giran y ruedan y se expanden en Twitter, en Instagram, en TikTok, en posts virales donde lo visual incrementa su poder frente a la palabra. En el más corto plazo unos versos pueden convertirse en objeto cultural dentro de un espacio virtual altamente coreográfico donde la hegemonía opera de otro modo. En forma de *likes* o de gestos asertivos activados desde un teléfono móvil. Lo que importa es el público, los seguidores, el afuera. La escasa interlocución. O, mejor, la interlocución inmediata, *dinámica*, pasajera, quebrando así el debate hasta reducir el intercambio complejo de ideas a una fianza urgente de impresiones. Entre algunos *usuarios* de poesía (también editores de artefactos pseudopoéticos y otros jugos hechos con retórica de aspiración conmovedora) hay un falso entusiasmo por el techo de abundancia que acumula la *poesía*. El inconveniente es dónde instalamos la palabra «poesía» una vez ultraprocesada y lista para ser distribuida en esta nueva modalidad diseñada para los nuevos soportes de difusión. Y por qué aceptamos llamar poema a ocurrencias homeopáticas que expresan catarsis pequeñitas, emociones rasantes, juegos silábicos y demás saldos. La producción de *selfis sentimentales* ha logrado la ampliación indulgente de lo que se entiende por poema, y además lo pasteuriza para evitar inconvenientes de salud. La complacencia es un primer peldaño hacia el éxito. Lo memorable es lograr fundir verso y meme, abriendo una zanja de posibilidades en esa «economía de la demanda» (Constantino Bértolo) donde el poema escapa de sí mismo para servir de nirvana comunitario y expandir un tedio puntual, cualquier golosina del ánimo. Para eso es necesario un aforo y jugar a lo célebre con frases balbucientes sin invertir demasiado tiempo en el negocio. El autoritarismo de las redes sociales y sus derivados se aúpa como falsa democracia del decir mientras resulta casi imposible reconocer fronteras entre lo literario, lo comercial, lo soluble, la mercancía y su dispersión como alpiste. Las redes han sustituido a los medios de comunicación convencionales en casi todo. También en la confección del gusto de la mayoría. Es una fullera defensa de lo *genuino* fingiendo diversidad. La filósofa Remedios Zafra lo detecta bien: «La gran falacia es decir que a través de la red accedemos a la diversidad, no: accedemos a mundos que se parecen llamativamente y esto es un gran peligro para la formación y el espíritu crítico».

Y en narrativa, ¿qué? En narrativa son distintas las estrategias. Las redes sociales cuentan más como escaparate de *prêt-à-porter*, una pasarela de manufactura. Una novela no se *contagia* de golpe por TikTok o por Twitter, pero sí es posible generar la temperatura adecuada en el espectador para acomodar su interés en favor del *stock*. Predisponer su gusto. Avivar su necesidad. El youtuber ha sustituido al crítico, trabaja a más velocidad y alcanza en algunos casos audiencias espléndidas. Algunos son persuasivos, sagaces. Los suplementos culturales perdieron sitio, masa y poder. La radio llega algo más lejos. La televisión... Los libros sostienen un mercado aún creciente que ha perdido su canal natural de encuentro con los lectores. Una novela necesita hoy a su autora, a su autor, al lado. La crítica convencional suena a música enlatada para la reducida escudería de lectores nuevos. Un estudio de la Universidad de Oxford y el Instituto Reuters señala que el uso de TikTok para informarse ha pasado del 3 por ciento en 2020 al 15 por ciento en 2022, especialmente en Latinoamérica, Asia, África, Estados Unidos y el norte de Europa. También los pódcast han tomado impulso. No son una alternativa, sino otra nueva industria capaz de generar interés, tráfico, volumen. Algunos de sus productos son extraordinarios. Más que una extensión de la radio tradicional son un terreno de investigación narrativa y sonora que propone otras maneras de contar, de difundir, de dar a conocer. Y los libros, el teatro, el cine, la música, el arte tienen en el pódcast una lanzadera desconocida hasta hace una década. Cuando los medios de comunicación *monumentales* parecen embalsamar, las nuevas propuestas tecnológicas dinamizan el discurso, proponen otras maneras de relatar y de compartir. También de debatir. En los pódcasts hay sitio. La sobreabundancia es el síntoma de que el negocio está en proceso y tendrá que reventar antes de equilibrar sus fuerzas y su alcance. Un estudio encargado por la plataforma Spotify afirma que el 51 por ciento de los españoles ya consume pódcasts y un 33 por ciento está fidelizado al formato. La figura despótica del crítico *clásico* no sólo desaparece, sino que se derrama en escenarios insólitos y pasa a ser una presencia multiusos del *Amazonas* digital. Pero ¿la narrativa, qué? Pues eso: hiperactiva en este momento.

6

A los veinticinco años también presentía, sin demasiada información en la que apoyarme, la deriva de una sociedad tóxica. Son los poderes anticipatorios de ciertos tramos de edad. Este tipo de presentimientos es condición inesquivable de algún momento de la juventud. Más tarde, lo normal es que se mantengan, pero de otro modo, como un sentimiento endurecido del que uno escapa a solas como puede. Mi generación también comenzó pronto a desaprobarlo casi todo sin sospechar que recién estrenado el siglo vendría un mogollón como el actual, de efectos abundantes, donde somos un poco pioneros y un poco invitados de palco, y un poco víctimas, y un poco culpables, y un poco fin de raza, y algo cínicos, y sepultureros, y nostálgicos de cuando el fin del mundo estaba en periodo de pruebas. Estrenamos el milenio con edad suficiente como para intuir que, a lo mejor, tampoco éste es el nuestro. Quiero decir: no lo vamos a protagonizar, no lo vamos a diseñar, no lo vamos a rentar en exclusiva. Las verdades forjan. Mi generación pertenece a dos mundos a la vez: tecnológico y artesano. Los últimos grandes poetas coetáneos (ellas y ellos) son de un par de generaciones antes. La revolución musical en España (por mercado, por concepto, por ruptura) la encabeza una mujer nacida en 1992. Se llama Rosalía y sabe trajinar en el arte con riesgo. El ensayista Jorge Carrión dice esto en *The Washington Post*: «La gran *performance* de Rosalía se ha convertido en un gigantesco espejo colectivo. A favor o en contra, integrados o indignados, lo cierto es que todos bailamos a su ritmo. Formamos parte de una gigantesca coreografía que conecta lo más antiguo con lo más actual, el flamenco gitano con TikTok. La gran duda es si esa música, que tan bien refleja nuestra época, es la banda sonora del empoderamiento o de la soledad». En cualquier caso es cultura y es objeto de consumo sin complejos. La pócima perfecta. Podríamos decir que es una empresa muy bien diseñada porque entiende el desconcierto y sabe anticiparse a lo por venir. O, mejor, lo propone, lo lanza y espera respuesta estridente del cardumen de las redes sociales. Nadie ha llegado aún tan lejos en su generación articulando algo así. Y tiene interés al ser ésta la *generación* que se impulsa con mejor promesa ante lo incierto y en *streaming*, con la seguridad (además) de que ellos sí van *picando* en tiempo real los nuevos códigos. Manejan con naturalidad el efecto *blow up*: el acontecimiento sólo es cierto cuando se muestra (y demuestra) ante los otros. Lo que está ocurriendo en la música, en la *performance* espídica del presente, ha provocado un cambio de ubicación general: de las plazas públicas a los soportes digitales. Del colectivo al individuo. Del contexto al discurso unidireccional. De la globalización al pensamiento único. El conocimiento fragmentario y diverso que exige este momento cabe dentro de un smartphone, en cualquier bolsillo. Cada vez necesitamos menos lugar. Pero el almacenamiento es, mayormente, de material desechable. Abarcar sabiduría ha perdido *sex appeal*. Los polímatas son *freaks*. Es mejor la inversión en el cultivo de *followers*. El prestigio está en la presencia y su puntuación: el emoticono, el comentario urgente, el *match*, la coreografía del *feedback*. La valoración visual. Y esos síntomas, propios del optimismo de la voluntad, también llegan a la cultura. Las grandes empresas (ajenas a lo cultural) tienen un campo de exploración fastuoso para afinar mejor los productos con los que buscar la sensibilidad mayoritaria. El *mainstream*. Lo que triunfa. La gran oportunidad. Y, sin embargo, en paralelo a esta ruta digital de producción masiva, hay creadoras y creadores que desafían, desacatan y entienden la ultraconexión contemporánea como una herramienta útil para generar espacios de resistencia que se oponen a la multiplicación de moldes culturales, a la réplica, al algoritmo como automatización de preferencias, de gustos que a veces uno desconoce que tenía. Un complot que finge sumar estímulos culturales condicionados y acelera una idea desechable de la información, de la crítica, del debate, de la complejidad. El presente, con todo esto dentro, sólo puede ser fascinante.

¿Es mejor el mundo de 2022 que el de 1989? Sí. ¿Es más estimulante la vida? Sí. ¿La cultura permea mejor la sociedad? No. ¿Gozamos de más libertad? Depende. ¿Qué es la libertad? Ahora sólo una palabra de uso corriente acondicionada al uso corriente del vacío. ¿A qué llamamos cultura? No lo sé. ¿Y batalla cultural? A una plantilla de pies correctora para caminar hacia delante y hacia atrás rescatando a la *cultura* de la mazmorra de la cultura, donde lleva siglos sometida por no sé quiénes mientras se encoleriza y *revanchiza* la idea misma de cultura. (Malabarismos de la política cultural de contorno rancio). ¿Quién sostiene la cultura? La economía que la amortiza y los clientes que la consumen. Que a que genere ansiedad por acumularla se le llama éxito; y el éxito (a veces) construye el prestigio y sostiene falsas pompas de calidad. ¿Quién decide qué es lo bueno? Quien tiene más poder. ¿Adónde vamos? Al desarrollo pleno de nuevos formatos. Lo cómico es que los dispositivos cambian mientras la autenticidad no evoluciona, pues su raíz (lo auténtico) no requiere demasiados accesorios.

7

Aún conservo cierta ingenuidad. Y creo —algo menos— en el poder transformador de la cultura. Me refiero a transformación colectiva, comunitaria. Cuesta mucho mantener este mínimo potencial, pero lo resguardo de mi naturaleza fatalista tirando de unas reservas mínimas de entusiasmo y de ingenuidad. Así desde el instituto, aunque cada vez con más fatiga. Un grupo con acceso a la cultura, con sentido de propiedad cultural, con incentivos emocionales e intelectuales, con capacidad de tolerancia, con sentido de lo común, con afán por dibujarse bien como ciudadano y ciudadana, es un conjunto de personas mejor acondicionado para esquivar los *chuleos* y el trile habitual de la existencia en esta parte del mundo. Esos extras sirven para aliñar y fijar una manera de estar en el espacio público y en la intimidad, para contornear una identidad que ensancha la que cada cual trae de serie. La cultura favorece la confección del espíritu crítico. Sé de lo que hablo. La redacción del periódico es un ecosistema difícil que atomiza una parte del mundo de fuera. Destinar todo lo que ocurre dentro al buen uso del periodismo es una ficción. Amo mi oficio, pero no me engaño. Mucho de lo que sucede ahí es de poca monta, como en la vida. A veces se exagera. Es más: hay que exagerar algunas cosas pequeñas para que el periódico pueda ofrecer todos los días su cuota de exaltación y aliviar la sed de escarnio de algunos clientes. La información cultural es muy generosa para estas misiones. Igual que de la lectura de un periódico es posible extraer una idea más o menos concreta del día, del mes o del asco de tiempo en que vivimos, de la acción cultural de cada época, de su legado, sale una muestra precisa de quiénes la habitaron. Y cómo.

A mí me gusta lo que me tocó en suerte. El tiempo en el que estoy. No me contradigo: me gusta. Me gusta porque es desconcertante (también degenerado). Sospecho que somos unos cuantos los que imaginamos la posibilidad de que exista una tribu dispersa de seres humanos que vive la vida en guardia y al margen de las odiosas estadísticas de mercado, de la amenaza *mainstream*, de lo homologado y de lo estéticamente adecuado. Más aún: creo que es posible resistir eficazmente en los márgenes sin ser (ni parecer) un marginado. Habremos perdido la gracia generacional, pero hemos de saber descubrir la de quienes vienen superando la primera ignorancia: creer que su misión es enterrar lo anterior y transformar lo demás.

8

El gusto mayoritario es siempre el gusto por lo reconocible. A mí me sucede con la zarzuela, la copla, la hamburguesa, el barroco, la serie *Aquí no hay quien viva*, algunas canciones de Julio Iglesias, *Mr. Bean*, Andy Warhol, *Mortadelo y Filemón*, «La Internacional» y «El novio de la muerte» (versión de Javier Álvarez). (Casi todo género menor). No me refiero a cultura popular, sino a lo que da seguridad porque sabes que muchos miles (a veces millones) también están rondando por ahí. Tampoco hablo de calidad. Hablo de gusto. De lo que lleva al disfrute —el mal gusto también goza—. Lo peor y lo más pernicioso, como decía Montaigne, es el sector intermedio. Y eso es, creo, lo que ocurre en este momento —2022—. Hay una ignorancia lista como existe una sabiduría cretina. Hay una tensión suprema en la demarcación de las preferencias: ideológicas, culturales, estéticas. Es un tiempo peligroso, impertinente, inoportuno para exhibir ideas contrarias. Por eso es tan necesario combatir el dogmatismo rampante. El credo subnormal de quienes desprecian lo distinto y la diferencia. Por ahí sólo se llega a un ideario servil con la actualidad y a la aceptación de que hay un gusto legitimado del que resulta difícil desentenderse, un gregarismo abusivo que alborota el mundo con plástico cultural y juzga inadecuadamente todo lo demás. Conviene no temer decir no. Conviene aceptar que la mejor aventura cultural es aquella que no acepta lo irremediable. Y conviene reconocer a quienes levantan una obra asumiendo buscar sin equilibrio, saltar sin red.

Hasta llegar a la edad en que estoy he recorrido algunas décadas y las dos últimas con certeza de enterarme. No recuerdo un momento más afortunado para el sinsentido en que ganaron terreno (y público) el desprecio, la amenaza, el colapso y la emergencia. Cancelación de creadores o de obras, apropiación cultural, censura, invisibilización, intransigencia cultural, revisionismo, dogmatismo... De un modo u otro son debates sobre la libertad de expresión. Y eso es, irremediablemente, un debate sobre el poder. Se trata de generar un estado de alerta, de temor. La cantidad de estupideces per cápita consideradas cultura y difundidas con ese código de barras es fastuoso. Pero ahora se trata de acumular. Acumular trastos, bullicio y debates hasta sobrepasar la capacidad del metabolismo para comprender el instante. Es otra estrategia. Generar ficciones de abundancia, de excitación, de vértigo, cuando en verdad esa manera de articular la cultura no está en condiciones de explicar nada, de implicarse en nada. Y así se confecciona otro nuevo canon.

Tiene sentido citar esta afirmación del filósofo Josep Maria Esquirol en su libro *La resistencia íntima*: «La resistencia al imperio de la actualidad viene de la memoria y de la imaginación. Una y otra se resisten a la operación de la actualidad consistente en abandonar el pasado, en borrarlo, y en hacer como si el *statu quo* lo fuese todo. Que memoria e imaginación pasen por sus peores momentos no hace más que confirmar la eficacia del dominio». Y es que los bienes de consumo culturales son ahora bienes de uso que contribuyen de otro modo a nuestro proceso de identificación. O, mejor dicho: no contribuyen a identificar nada, sino que generan falsos estados de identificación puntual, soluble, pasajera. De mucha banalidad y apariencia. No es nuevo, pero ahora es más sofisticado y más fácil.

Contra eso hay creadores resistentes. Escritoras, escritores, lectoras y lectores que detectan a gran velocidad el populismo cultural. En verdad es populismo. Y no invita a reflexionar. Propone un veraneo perpetuo. Una soflama evanescente. Un barbarismo enmascarado con una secuencia de frases melosas que a veces riman y otras no, pero llevan dentro un mensaje de galleta de la fortuna. Este tinglado no viene a ampliar la poesía, sino a malbaratarla, a confundir, a cambiar la revelación por la grajea. La «cultura del Lexatin», tan lucrativa y donde hay beneficio suficiente. Entiendo que exista este contrabando sentimental de lugares comunes. Soy consciente de su coartada. Si hablamos de poesía, lo inadecuado es llamar poesía y vender como poesía eslóganes de *coach*, fórmulas sanadoras. Y, además, con una solemnidad estrepitosa. Pero tienen razón quienes defienden que la cultura también es esto. No necesariamente lo mejor, ni lo irremplazable. La cultura son estándares y fenómenos solubles, pues cuando el tiempo pasa el trillo lo que queda suele ser el grano mejor. Citaría a Antonio de Hoyos y Vinent (por capricho), pero quienes quedan en pie en la memoria sucesiva de los lectores son Juan Ramón Jiménez, Valle-Inclán, Rosalía de Castro, Miguel de Unamuno, Antonio Machado, Pío Baroja, Emilia Pardo Bazán... Por algo es. El arte mejor viene de la anulación de lo estúpido para aventurarse más adentro en la espesura.

9

Dedico parte del tiempo de lectura a poetas, narradores, dramaturgos y filósofos jóvenes. Jóvenes en edad de ser jóvenes, no como nosotros. Mujeres y hombres. Leo con entusiasmo lo que traen. Exhiben un sentido menos sacralizado de la literatura que los de mi promoción. Les importa de otro modo: sin tanta impostura, con filtros distintos, con mejor bastardía de tradiciones, retóricas y hallazgos inmediatos. Viven en construcción y, a su manera, contra los argumentos rebuscados y pedantes que manejábamos los de mi quinta. Los temas en los que piensan y se detienen también son otros. Ellos, los nacidos entre los noventa y los años 2000, construyen un discurso cultural en muchos frentes a la vez: identidad de género, reconfiguración del molde sexual, conciencia de autoexplotación, visibilidad de la enfermedad mental, cambio de roles y jerarquías culturales, combinación de tradiciones literarias con elementos digitales... Viven y ensanchan sus espacios de acción algo ajenos a los modales de las generaciones previas, aunque expuestos a peligros de vieja horma como la animadversión creciente de una parte de la sociedad hacia los nuevos imaginarios cívicos que promulgan. Nosotros no tuvimos más inconvenientes que ellos. Probablemente ellos tampoco tendrán (durante un tiempo) los usos de libertad que nosotros gozamos. El peaje es ése. La herramienta tecnológica y de control más eficaz que conocí hasta los veintitantos fue la misma que usaron nuestros padres y, en muchos casos, los abuelos. El teléfono complació a un puñado de generaciones vinculando voz con voz. No había más código de uso que descolgar el auricular o no. La conversación era, en general, con otra persona. El exhibicionismo (si se daba) tenía un único receptor. La hegemonía de discurso se construía, hasta 2000, entre los medios tradicionales, la cultura, la política y la calle. Cuando terminé los estudios en la universidad —Ciencias de la Información en la Complutense— aún estábamos a la espera de la nueva revolución global. Internet sólo era la posibilidad de internet. Habitábamos la posmodernidad, pero estábamos sin rematar.

La cultura es una actividad muy lucrativa. Siempre lo ha sido. La cultura es imprescindible en la mecánica del mercado. Al menos, en el mercado capitalista, que es lo que en España, Europa y Occidente celebramos. El siglo XX fue el de las grandes aventuras planetarias —lo global viene más tarde—: las vanguardias, la penicilina, dos guerras mundiales, el cine, el expresionismo abstracto, el minimalismo, la televisión, el pop, la popularización del automóvil, la aviación comercial, crisis financieras y del petróleo, las dictaduras, las revoluciones de izquierdas, la Guerra Fría, crisis de los misiles, el Muro de Berlín, la caída de la URSS, el hombre en la Luna, el principio de la ecología, el feminismo, revueltas estudiantiles (Berkeley, París, México D. F.), el teléfono móvil, internet. El XXI, hasta ahora, es el de las experiencias digitales. La ventolera del mayor cambio de paradigma cultural desde la aparición de la imprenta; con más impacto que la imprenta. Ahí estamos. Y avanzamos a tientas, asentando el suelo según pisas. La incógnita de hacia dónde vamos da mucho de sí.

10

La abundancia de complejidad en este tramo de la historia es fascinante. Aún es temprano, pero en unas décadas alguien echará la vista atrás y podrá encontrar, entre el último cuarto del siglo XX y lo que lleve entonces el XXI, la «piedra Rosetta» de un nuevo estado del mundo. Esta vez sí. Y probablemente habrá en la producción cultural una línea de puntos que al seguirla dará claves. Muchas claves y síntomas de un momento en que la incomunicación creciente choca con la fantasía de la hiperconexión, y ésta crece al compás de la desconfianza. Ahora mismo hay gente dibujando contornos de ese mundo por hacer. En este instante alguien está generando un artefacto cultural, un *bulto* expresivo, visual, audiovisual y virtual que propondrá renombrar las cosas. Y cuando lo conozcamos ampliará la comprensión del presente que compartimos. La cultura importa no por lo que receta, sino por lo que es capaz de diagnosticar. El acontecimiento extraordinario no es lo que anuncian la mayor parte de las veces, sino aquello que se revela como extraño y radical, como revelador y estimulante, a veces por sencillo.

El privilegio de trabajar en un periódico dispensa oportunidades imprevistas. Y, en ocasiones, faraónicas. En 2008, la compañía Google recibió el Premio Príncipe de Asturias de Comunicación y Humanidades. Lo recogió uno de los dos fundadores, Larry Page (el otro es Serguéi Brin). Un escogido grupo de periodistas desplazados a Oviedo a cubrir la gala de entrega y entrevistar a los galardonados (fue el año de Margaret Atwood, Rafa Nadal e Ingrid Betancourt) tuvimos la oportunidad de charlar unos minutos con Page. Dos de los periodistas llevaban grabadoras y otros dos (Jesús Ruiz Mantilla y yo) irrumpimos con cuaderno y bolígrafo, como casi siempre. Page habló del futuro con una suavidad visionaria. Nosotros anotábamos en los cuadernos. Él llevaba un modelo de móvil en pruebas que Google estaba afinando para comercializar meses después. El discurso que desarrolló iba por delante de nuestros conocimientos, incluso de mi magra imaginación. Dio también algunos apuntes de lo que luego sería la realidad virtual, que aún era ciencia ficción. No dejó de desplegar intuiciones y hallazgos que poco después darían la vuelta a lo que entonces sospechábamos como parte previsible del futuro. Mientras nos convencía acariciaba el prototipo de móvil como a un gato y dijo que todo lo que pudiésemos imaginar estaría dentro del aparato: desde la agenda particular a las cuentas del banco y «otros mundos». Dijo «otros mundos» y no le tembló nada. Alguien pidió una explicación más concreta y llegó el momento apoteósico. Larry Page extrajo del bolsillo interior derecho de su chaqueta una Moleskine, la abrió de par en par por una doble página limpia. Del otro bolsillo sacó un bolígrafo negro, cortesía del hotel Reconquista. Sobre las páginas en blanco y con tinta del siglo XX dibujó un esquema para concretar de lo que sería capaz ese aparato de fecundas prestaciones y a punto de ser accesible. Fue hermoso contemplar cómo la tecnología más deslumbrante se hacía entender con lo de siempre: las herramientas más útiles, eficaces, elementales. Creo que fue un momento de hermandad. Yo recordé al poeta Rilke: «Enséñale lo sencillo». Aunque me callé para no enturbiar el momento con una pedantería. Larry Page guardó la Moleskine en el bolsillo interior de la chaqueta y con un gesto satisfecho dio una palmadita en la espalda del móvil, como se hace con los niños para que expulsen los gases. Gato y niño: eso parecía el aparato en manos de uno de los artífices del porvenir. «Ya lo habéis visto: la revolución es esto». Y levantó el instrumento como el cura alza la oblea. Pero lo que yo vi y entendí, sin vuelta atrás, es que necesitó de un bolígrafo y un papel para explicar el funcionamiento y alcance de un invento sideral que viene a colaborar en la abolición del bolígrafo y el papel. Larry Page tiene una letra menuda y nerviosa. A mí casi me convence. Con el tiempo supimos que el teléfono les salió malo.

Las experiencias que ofrece el periodismo —algunas de ellas— son terriblemente útiles. Confirman la sospecha de un mundo donde la tecnología reemplaza al humano —o lo abarata hasta la indecencia— y eso significa muchas cosas. Algunas tristísimas. Por ejemplo: la desacralización del artista, con lo que algo así implica. Lo colectivo no siempre distingue bien lo auténtico de lo artificioso. No hablo de la marca cultural, sino de la autoría. Son conceptos distintos. Uno se relaciona con el producto; el otro se vincula con la obra. En la sociedad de mercado, depredadora, insaciable, bulímica, el autor pesa más si genera con su trabajo un modelo de negocio. El autor, el artista, el que vive de su producción. El capitalismo tecnológico desarrolla una nueva manera de relación cultural con los productos (con las obras) y con los autores. Como estamos asentando el futuro, las categorías estéticas exigen una manera distinta de asimilar las «herencias culturales». Rosalía (una vez más), que sale disparada del flamenco para amplificarse en mil confluencias felices, está fundando una nueva astronomía musical anticipándose con herramientas que ya están ahí. Su hallazgo no es inventar, sino resituar y remezclar. Y articula su proceso de trabajo en el escaparate de las redes sociales construyendo una nueva oportunidad hegemónica desde la relectura y lo residual. El caso es fabuloso. No se encuentra con tanto vigor en ningún otro ámbito creativo. Rosalía, más allá del talento musical, logra hacer de la presunta hemorragia de lo inédito un pespunte artesano de intérprete que vende maravillosamente como estreno musical unas melodías adhesivas. La actitud segura, desacomplejada, singularísima y el uso deífico de la tecnología impulsan su ceremonia. Ésta es, además, de una festividad poderosa, vacilona, en un presente de amenazas sucesivas, asentada en un desplante inocuo, sin afán de espolear, mientras propone formatear lo anterior y hacer de lo que salga lo nuevo sagrado. De este modo logra desplazar hacia sí misma el foco y hacer de todo lo demás algo sumergido. Si es un producto del momento lo es de una manera tan insolente que dejará marca en los próximos años. Una secuencia temporal asombrosa en un mercado que en el mismo día puede elevar y aplastar cualquier propuesta.

También existe una literatura que ha aprendido a adaptarse y se sirve del festín digital para seguir sumando. Sumando qué. Gente, tuits, posts, *likes*, cosas. Son las secuelas de aquellas aventuras para todos los públicos que firmaron Dan Brown, J. K. Rowling, Ken Follett, E. L. James (sí, para todos los públicos), Paulo Coelho, Stephanie Meyer, Suzanne Collins... Ejemplos de superventas del último cuarto del siglo XX. Literatura sin exigencia, pero con el acierto de saber distribuir en la narración los tics de uso corriente. Tirando por lo alto, éste es uno de los momentos en que menos importa la literatura. Ni siquiera la poesía, el ensayo, la filosofía y el teatro, sino la literatura. Por supuesto que gana espacio la literatura de pasatiempo. De hecho, casi todo es ahora pasatiempo. Pero el horizonte esperable es otro: el de una escritura que alumbre, que rete, que interpele, que desestabilice. Existe. Siempre ha estado. Pero es lo que se dice minoritaria. Constantino Bértolo la llama «sumergida». La que altera radicalmente lo previsto, lo asimilado, lo aceptado, lo normal. Ahora pienso en cuánta de esta literatura ayuda a asentar cimientos morales y a cuestionar la condición ornamental de la cultura. Del individuo ante la cultura como lugar de proclama, como tasa de desacuerdo. ¡Cuánto bien nos haríamos si entendiésemos la cultura como una manera de fijar (y defender) los valores más altos de la humanidad! Lejos de programas colectivos, y de normativas generales, y de cánones impuestos. Cada cual con su lectura y su posibilidad. Con su duda, con su interrogante, con su búsqueda.

Algo así no lo veremos. Al menos durante un largo tiempo. Perder la gracia es un proceso paulatino, bien diseñado, individual o en masa (indistintamente). Toda civilización la pierde en algún momento. No es necesario aceptar ese destino, pero todo empuja hacia allá. El esfuerzo es resistir, negarlo. El desinterés es un ingrediente fundamental para alcanzar la deriva y es (quizá) el más extendido. No hay beneficios más altos que los que genera el ocio, una mala ficción de la cultura. Y favorece la confección de una burbuja de ignorancia y confort. La política lo ha entendido con precisión. Hay toneladas de canales de televisión dedicados a darle vueltas a la mercadería partidista de la jornada. Son puntos de venta de banalidades, de bulos, de ideología de saldo. Cáñamo a granel para saciar el apetito de los usuarios —¿quién no lo es?— en estado de semicautividad. La cultura entrega utensilios para consolidar la voluntad propia, para armar un ideario de defensa «contra las ofensas de la vida» (Caballero Bonald). O, al menos, contra los agravios del día a día, del mes a mes. La cultura exigente es el mejor espacio público para el intercambio de impresiones, de ideas, de sospechas. Y sujeta la fugacidad de la existencia. Nada que ver con propiedades sanadoras ni otras ofertas de herbolario. Por ahí no va. Éste es un momento extraordinario porque el mundo ha entrado en una difícil barrena donde algunas cosas que importan están por recobrar. Los cambios que vaticina el desarrollo digital y la depravada condición económica del mundo van hacia lugares remotos: de la robótica al metaverso, de la amenaza climática a la sobrepoblación, de pandemias al aumento de la pobreza extrema y la desigualdad, de los refugiados a la acumulación de cabezas nucleares; del aire al agua, que serán los próximos objetivos de guerra. El mejor momento para el desarrollo de contraideas.

Mi generación —qué óxido— cree haber echado abajo la herencia antropocéntrica acumulada en el pasado siglo. Y no es cierto: ahí está la apoteosis de la literatura del yo, la autoficción, la confesión narrativa, la autobiografía, la manera de abordar a los demás desde la proyección de uno mismo. En poesía es distinto. La poesía es un «voy contigo», un «con vosotros», un desclasamiento, una periferia esencial. La convulsa narrativa de lo íntimo —su promoción— está en un momento fuerte. El afán va en paralelo (tal es su peligro) al «síndrome del aparador» alimentado por las redes sociales, donde cualquiera cuenta su película y se recorta después por la línea de puntos dispuesto a gustar o a incordiar. Es un aeróbic diario. A demanda. Algunos han hecho de contarse sin filtros una necesidad «fisiológica», un *marketing* arterial. Dejan ver lo que no es habitual mostrar (por impúdico, por sobrante) y así empieza la ganancia. Da igual decir lo que en otras condiciones no diríamos. El ruido es la meta. Una gran furia como inversión. El ruido se monetiza también en fama, en zascandileo. Con ese paño negocian el creador, el intermediario (empresarios, editores, productores, mercaderes) y el receptor. Nada de esto es estrictamente bueno ni malo. Tampoco es casual. Hablo de oído porque no soy cliente de redes sociales, aunque asisto curioso a la agitación de los integrados a fondo. Muchos de ellos, conscientes del tipo de divisa que manejan, acometen en vivo autopsias biográficas. Dispensan otra manera de darse a conocer, de ponerse precio, de ofertarse, de generar producto de temporada. Es la «cultura del pregón»: púlpito, ardor, confesión y fieles. Un sistema de producción de necesidades innecesarias. Un falso efecto de proximidad al otro y a las cosas. Una charca propicia para blanquear futilidad. La fama, parece que no, es casi siempre un pacto de caducidad. La cultura está infestada de estas especies invasoras.

11

A lo ancho del siglo xx —en distintos momentos—, creadores e intermediarios culturales anunciaron la muerte de la pintura, decretaron la defunción de la novela, advirtieron de la agonía del cine, intentaron desestimar el teatro como espejo de vida. El resultado es el que veis: ninguno. Eran profecías interesadas. De la presunta degollina salieron mejor. La novela respira a pleno pulmón; el teatro es la expresión más radical, viva y estimulante del presente; la pintura mantiene autoridad. Sólo el cine acaricia la línea de alerta por la entrada a saco de las series y las plataformas de distribución y visualización (aun así, cada año se suman nuevas películas al gran cine). Las ganas de seguir contando, narrando, especulando, imaginando; no desfallecen. Y sirven para contrarrestar la frivolidad invasiva que propulsan las labores más complacientes de la sociedad: ocio y populismo. La cultura no es un espacio excluyente o sagrado, sino el camino natural para tomar conciencia de lo que somos. Bien entendida ejerce como instrumento de precisión insurrecta.

En el mejor de los casos, si no clavo el pico antes, me quedan otros cuarenta o cuarenta y cinco años biológicos. Sería estupendo que también los pudiese considerar humanos, pues una cosa es vivir biológicamente y otra distinta hacerlo humanamente (leí esto en un artículo de Fernando Savater). Cuando alguien muere se disuelve un sentido común, un conocimiento y un lenguaje propios. La historia de la humanidad es sedimento. Capas de hallazgos superpuestos, decepciones acumuladas, descubrimientos sucesivos, huellas en otras huellas. Sobre esas capas erigimos civilizaciones, sociedades, comunidades, grupos, maneras de vivir, puntos de vista. Al caudal o resto o señal que queda de algo inmaterial al pasar de un estado a otro es también a lo que denominamos cultura. Algo tan primitivo que en esencia no ha cambiado desde aquel primate que bajó de un árbol y observó por vez primera el horizonte caminando erguido sobre las dos patas de atrás.

Siempre habrá alguien desarrollando una historia, buscando, indagando, asomado al alero sin miedo a caer, imaginando otras formas de decir, de soñar, de desear. No es la cultura lo que está en riesgo. La amenaza es el exceso de estupidez sucedánea. El peligro es conformarse con el registro más básico de las cosas. De lo que está por llegar habrá algo que sea exactamente lo que siempre ha sido, lo que ocurre cuando hay un buen fumé emocional, subversivo. Quiero decir, algo que no tema al desasosiego ni a la reordenación de la vanguardia, ni a la soledad, ni a la falta de éxito, ni a la incomprensión general, ni se rinda por fatalismo. Algo que proponga incertidumbre o sobresalto. Algo que renuncie a cumplir por cuota o imposición con las expectativas marcadas por un colectivo, una ideología o cualquier otro instrumento de presión social o moral. Algo que no acepte el destino como destino.

Mientras pasan los años cada vez es menos lo que importa. Los intereses se concentran. Igual que los amores y los cariños. Lo que queda, de un modo u otro, es lo que uno escoge: nuestra penúltima soberanía. Lo mejor no siempre está por venir, pero lo que venga siempre podrá ser mejor que lo conocido. Y ser más transformador. Sabemos que sabemos lo que somos porque antes hubo alguien que buscó sin brújula, sin mapa, sin fuego, sin saber bien hacia dónde ni por qué. Y dejó testimonio, y reveló algo distinto, y alrededor aún nos convocamos.

Cuando repaso aquello en lo que he empeñado parte de la vida —la poesía, por ejemplo; el periodismo, que es mi oficio— entiendo que no tenía opción y no era posible de otro modo. A la poesía no sólo le debo lo que soy. La deuda es porque me ha permitido acoger y comprender otras voces, otra escucha. La poesía está en todas partes. Es soledad y compañía. Diálogo y acogida. La poesía no mejora a nadie, pero ayuda a concretar lo mejor de alguna gente. A veces me desagrada por su tiranía, aunque la poesía no necesita de la verdad o de la mentira, le basta con la autenticidad. Alrededor de ella he construido una biografía a la que he ensamblado nombres, paisajes, países, sensaciones, extrañezas, asombros, entusiasmos, intemperies, un idioma. Soy lo que soy y cómo lo escribo. Soy como soy también por lo que leo.

En los últimos cinco o seis años —esto lo escribo en el verano de 2022— disfruto, como nunca, con algunos libros de poetas jóvenes, insisto. Encuentro en ellos más razones para defender la poesía que antes. A la mayoría de mis amigos y amigas de fuera de la literatura les interesa discretamente nada la poesía. No importa. Echo de menos, eso sí, algunos ratos de mi veintena y la primera treintena, cuando casi todo sucedía alrededor de los poemas. Nunca se abandona por entero esa alegría. Y no es nostalgia. Ni siquiera hipocondría del presente. Sólo me interesa el pasado si tiene algo útil para el porvenir, como es normal. El mundo está hecho un bodrio, pero nunca antes fue tan sencillo acceder a tanta información, a tanto patrimonio. El peligro no es la escasez, sino la manipulación del material «almacenado». Filtrar, entender, interpretar son los retos. Convertir en moneda la explotación de datos es el nuevo dios verdadero. Malvivir de algoritmos. Y, aun así, la derrota anticipada que promulgan algunos cenizos es una pesadez. No digo que el momento sea alentador, pero en el cruce de expectativas o en la insistente posibilidad de cualquier desastre también crecen opciones. El desafecto general es inmenso, casi una condición común, cada vez más común. El cultivo de la desilusión trabaja a la vez en el desencanto y en su antídoto. Casi podría afirmar que pertenecemos a una era dispuesta —otra vez más— a sobrevivir a toda costa, con mucho en contra. Las generaciones precedentes hicieron lo mismo: bracear desafiando a la corriente. El punto distintivo de este siglo es la superproducción, la falta de referentes y la indiferencia. La absoluta indiferencia. Tenemos a un golpe de mano demasiados aparejos para sentar a los usuarios frente a la pantalla y a partir de ese gesto inofensivo atacar hasta lo blando del hueso: desactivar, sedentarizar, ofrecer una mercancía aparentemente inocua que cumple con la rutina cotidiana de dispensar placebo desecando las alternativas dinámicas contra la inmovilidad, contra la estupidez, contra el placebo.

No parece que esto vaya a acabar bien, pero es perezoso dar por extinguido el mundo antes de que reviente por las costuras. Nada está en su sitio, tal y como lo vemos. Basta con haber nacido —como poco— a finales del siglo xx para darse cuenta. No defiendo nada y tampoco quisiera mostrar ninguna simpatía por el derribo global. Mi interés está en asuntos más próximos. Por ejemplo: ¿de qué manera el alcance de la inteligencia artificial modificará también la idea arraigada de cultura? ¿Podrá un algoritmo confeccionar poemas y que éstos emocionen y no se distingan de los humanos? ¿Consideraremos ese poema un engaño o no importa la autoría si el texto logra emocionar y nos hace olvidar así de dónde viene? ¿De qué modo la alteración genética de embriones propiciará cambios en el andamiaje psíquico de los «elegidos»? ¿Cómo será el pensamiento de alguien modulado genéticamente incluso dentro de la ley y de la ética, y ajeno a las consecuencias de su alteración?

Hacia el siglo vi antes de Cristo, los griegos definieron el arte como una imitación selectiva de la realidad o la naturaleza. El mantra se ha quebrado.

El arte ya no imita, ahora anticipa y propone espacios paralelos donde el mundo sólo es una réplica más del mundo. El arte también se adultera y su capacidad comercial se modifica en beneficio de los nuevos mercados. La expansión de los NFT —certificado digital de autenticidad que mediante la tecnología *blockchain*, la misma que se emplea en las criptomonedas (los *tokens*), se asocia a un único archivo digital— es la nueva condición del arte sin arte. Jeff Koons, antiguo bróker de la Bolsa de Nueva York reconfigurado en artista especulativo —Damien Hirst o Haruki Murakami también desarrollan sus patrimonios en esa liga—, desarrolla en colaboración con la NASA una colección de obras digitales respaldadas por una versión física con las que aspira a marcar un hito: exponer sus esculturas en la superficie de la Luna. Es una propuesta legítima, pero donde el objeto artístico importa menos que su explotación espectacular y comercial.

El desafío siguiente será cómo configurar el cerebro para disponerlo a un nuevo gusto por aquello que va a sustituir al arte, si es que alguna de las posibilidades en marcha se hacen sitio en lo que se denomina arte. Va a ser fácil. Sólo hay que venderlo bien. Pero puede ocurrir esto otro: ¿y si estamos en la gestación de una nueva edad de oro de la cultura? Las posibilidades pueden ser fastuosas. El negocio, estrepitoso. La ciencia y la técnica también son parte del proceso evolutivo y creativo de la cultura. Esto exige otra revolución: la del pensamiento y la defensa de una heterogeneidad que intenta burlar la autocracia de la homologación.

A todo esto, me acojo a lo que decía el escritor y neurólogo Oliver Sacks: «Vivir de la manera más rica, más profunda y más productiva que pueda». Para eso es necesario bien poco. Y ese «poco» puede ser el de una existencia sabiamente apuntalada en lo necesario, sin más alarde, sin más afán de majestad. No diría que la vida sea sencilla, pero la sencillez es la conquista. Y una manera de aproximarse a lo necesario. Pienso en algunos de los hombres y mujeres a los que leo o he leído con entusiasmo, con expectación. Aquéllas y aquéllos en cuyos asuntos encontré el cobijo contra la tormenta. Las mejores lecciones suelen estar cerca y quizá por eso distinguirlas es lo complejo. Crecer, madurar, envejecer es ir desalojando quincalla. Desechar lo innecesario. Erik Satie llegó prematuramente a la *Gymnopédie n.º 1*: le quitó música a la música hasta dejar esplendorosamente el sonido. El pintor estadounidense de origen ruso Mark Rothko había simplificado formalmente su pintura hasta casi la asfixia del color. El negro y el gris se habían hecho compactos. El negro era la conquista y la agonía de cualquier tensión cromática. Rothko había alcanzado el auténtico *réquiem* de la pintura. Había extenuado cualquier refulgencia. Cualquier respiración. El 26 de febrero de 1970 se suicidó en su estudio de Nueva York. Tenía sesenta y seis años. Despojarse: a eso me refiero. Como el poeta italiano Eugenio Montale, capaz de alcanzar una emoción intensa desde el ahorro máximo de palabras. Cuando llega el turno mortal, lo que nos *salva* es la nada. La cultura es una escuela de vivir con lo extraordinario, pero también una manera de apreciar lo sublime en lo mundano, como pedía

Kierkegaard. Todas las épocas se construyen en un exceso (a veces de abundancia y otras de escasez). La cultura es la moldura que las une. La expresión del gozo y de la duda, de lo sublime y lo absurdo.

Cada vez, y esa es la secuencia natural, necesito menos. Menos gente. Menos estímulos. El presente se barroquiza y yo me sereno. Mi proximidad a algunas cosas ya no es por uso, sino por emoción. Mi desafecto de otras tantas es porque pronto siento un peso que no necesito, que me resta tiempo para sentarme a pensar o a vivir en lo que me gusta. Me quito cada vez de más cosas sin perder capacidad de aventura, sin renunciar. Libertad y sencillez son dos conceptos inhóspitos de nosotros mismos. Inhóspitos y luminosos. Y cada vez más caros, más forasteros. Lo aterciopelado es el ocio. El tiempo arreglado para consumir algo tan inofensivo que ni puede decepcionar. Es la base del lucro. La creación indiscriminada de expectativas amables, cómodas, satisfactorias. La eterna novedad del mundo de la que habla el poeta Lorenzo Oliván y que hoy es uno de los principios fundamentales de la oferta de plenitud: abolir el aburrimiento, proponer una ilusoria libertad, desalojar cualquier indicio de malestar, alejarnos cada vez más de la realidad en beneficio de un calentamiento de la fantasía posible. La realidad virtual es un espacio sin daño. Un territorio donde se pueden atajar los problemas desconectando la máquina sin perder la alternativa a lo cotidiano porque nada se ocupa ya enteramente. Hay que repartir el tiempo en demasiados estímulos y experiencias únicas para disimular el vacío. Esa candidatura a la mejor manera de «disfrutar de una experiencia única» es de una mediocridad comercial casi equivalente a la candidez de creer en su propaganda. La vida sencilla —que aporta un singularísimo saber especial— no exige tanta pamplina ni propone excelencias efímeras. A comprender esto ayuda también cierto uso de esos materiales que denominamos cultura.

De los años noventa hasta ahora la aceleración de vivir es brutal. En estos años hemos ganado en maldad y en sabiduría, dos sustancias que no se improvisan. Una requiere vocación; la otra, destreza. No hay más vida superior que aquella que logra una cierta armonía entre lo que se busca y lo que se alcanza. Ojalá nos quede algo más de tiempo para afinar estos equilibrios. Atravesamos uno de los momentos de más *sex appeal* de la posmodernidad o lo que sea. El de más peligro. Apocalípticos e integrados, a la manera de Umberto Eco, siguen compartiendo pantalla, pero son muchos los ingredientes inquietantes de una época así, de las mejores para confirmar que hay otra realidad de lo real que no necesita de tanta anfetamina tecnológica y, sin despreciar la novedad, prefiere seguir llevando en la muñeca un Longines al que dar cuerda; un poco por esnobismo, un poco por sencillez. Perder la gracia es más fácil ahora. Mirar hacia atrás y especular en lo que viene es violento y excitante. El ayer de lo de ayer cabe en un día. Y lo que queda, lo que permanece, es un nihilismo consumista impulsado por el estímulo digital de satisfacción inmediata. El pensamiento abstracto y la elevación de ideas están penalizados. El prestigio especulativo es el patrón oro. A veces me entran ganas de escribir a Bill Gates, a Elon Musk, a Jeff Bezos, a Mark Zuckerberg, a Larry

Page y a Serguéi Brin y darles las gracias por toda la desigualdad que acumulamos. Gracias por las traiciones, las mentiras, la manipulación. Y gracias también por las noches que gané entre tanta noche leyendo a quienes me han concedido una visión del presente, nuestro presente, que conspira contra sus proyectos y está fijada en ese palimpsesto que llamamos cultura —un excelente escudo— y es otra expresión más de pura vida viviendo. La que tuve, la que tengo, la que espero. Lo mío comenzó cuando me expulsaron de aquel colegio de curas. Y fue mi salvación. Ahora qué.

Perder la gracia política
Eduardo Madina

1

Hay veces en que lo normal es fracasar. Fracasar, políticamente, como fracasan las generaciones que se encuentran por el camino con un contexto histórico mucho más grande del que pueden abarcar. Generaciones que llegan a la primera línea de responsabilidad y que, en su hora de la verdad, quedan marcadas por la realidad histórica en mucha mayor medida de lo que la realidad histórica quedará marcada por ellas.

Hay veces en que todo conspira para que sea así. Y ahí, ante los grandes asuntos de fondo, fracasar es lo normal. Lo normal cuando aparecen épocas que actúan como grandes catalizadoras de enormes saltos históricos, cuando a una o varias generaciones les cae encima un momento caliente de la historia. Uno de esos que, siempre *a posteriori*, terminan siendo estudiados como grandes procesos de aceleración del tiempo y de transformación humana, como capítulos de cambios completos de paradigmas.

Cuando ese contexto llega, no conviene engañarse; lo normal en política termina consistiendo en intentar lograr el mayor número de pequeñas victorias posibles, todas ellas en los planos abordables de la realidad, dar las batallas que se pueden dar, sabiendo que, en la profundidad de los cambios, hay una parte que trasciende al margen de actuación político.

Hay veces así, a lo largo del tiempo, momentos en que el fondo de la historia pasa por encima de sus protagonistas políticos cuando ni siquiera cuentan todavía con los instrumentos y las herramientas necesarias.

Atravesamos uno de esos instantes históricos. Para poder comprenderlo a fondo y orientar políticamente las transformaciones que trae de fondo falta tiempo. En cierta medida, de nosotros depende cuánto sea este tiempo. Cuanto más avancemos, antes llegaremos al desarrollo de los instrumentos necesarios para la gobernanza de las transformaciones que estamos viviendo. Tendremos que inventarlas porque son de tal magnitud que no hay nadie que haya pasado por distintas responsabilidades políticas sin echar en falta más recursos para afrontar, encauzar y gobernar la inmensa profundidad del cambio que estamos atravesando. Este capítulo intenta abordar una panorámica política de la generación a la he pertenecido desde esa perspectiva; un contexto de extraordinarias transformaciones tecnológicas y geopolíticas.

El ejemplo más cercano en la historia de un momento similar a éste quizá se encuentre en la implosión de la primera gran revolución tecnológica de la era moderna. Esa que conocemos con el nombre de Revolución industrial.

Es imposible que quienes se dieron de bruces con ella en sus primeras fases, quienes estaban presentes en sus primeros compases, pudieran ver hasta dónde estaba estallando el mundo bajo sus pies.

Aquellas primeras mujeres y aquellos primeros hombres que miraban cómo se construía, por ejemplo, la primera fábrica de la era industrial en el Derwent Valley Mills de Derby, Inglaterra. No tenían posibilidad alguna de comprender la inmensa dimensión del cambio que se estaba iniciando. O aquellos otros que, algunas décadas después, asistieron, por primera vez, al paso de una máquina de vapor sobre los raíles del trayecto que uniría a Mánchester con Liverpool en 1830. Una máquina que avanzaba ante personas que, ni de lejos, podían alcanzar a imaginar dónde terminaría ese viaje.

Imposible adivinar, en aquellos momentos, que el ser humano estaba adentrándose en un universo completamente nuevo. Imposible, por tanto, pretender cualquier fórmula de anticipación, canalización política y gobernanza tanto del proceso como del impacto de una de las mayores transformaciones que nunca se han conocido a lo largo de la historia de la humanidad.

Todo intento humano fue, por el camino y durante mucho tiempo, la suma de un fracaso político tras otro. Era el cambio el que gobernaba a los seres humanos, sin posibilidad por parte de éstos de gobernanza alguna del cambio.

Fue muchos años después, y tras una larga suma de fracasos cosechados —y, en este caso, de abismos visitados—, cuando se pudo empezar a comprender, poco a poco a canalizar, a ordenar e interpretar políticamente en beneficio de las sociedades occidentales la inmensa transformación del mundo iniciada con la explosión de ese gran proceso histórico que hoy enmarcamos con el nombre de modernidad y del que la tecnología industrial fue uno de los vectores fundamentales.

Las generaciones que asistieron a los primeros pasos de semejante transformación se introdujeron, de manera lenta y progresiva, en una realidad que producía mucho más significado del que podían interpretar y muchos más cambios de los que podían intuir. Un mundo nuevo para el que el lenguaje todavía no había inventado las formas acertadas en el contexto de una política ampliamente superada, desprovista de los códigos, las herramientas y los sistemas de aproximación necesarios.

No es extraño que la era industrial tardara tantas décadas en ser asentada, comprendida y orientada políticamente, ni tampoco que los seres humanos necesitaran de tanto tiempo para comprender y enmarcar la modernidad en procesos ordenados, si es que alguna vez lo ha estado del todo en Occidente en su inabarcable complejidad; un cambio de magnitudes nunca antes vistas por la humanidad, surgido desde las raíces más lejanas del humanismo y el Renacimiento, de la Reforma de Lutero y la Ilustración. Una completa redefinición de la forma de vida a partir de los desarrollos técnicos y científicos, de los descubrimientos y los inventos.

Una inmensa revolución tecnológica que provocó un salto desde el feudalismo al capitalismo, desde lo artesanal a lo mecanizado, desde las sociedades agrarias a las sociedades industriales, y que trajo la ampliación del mercado mundial hasta límites desconocidos, los grandes flujos migratorios y el surgimiento de las ciudades modernas, entre otros muchos procesos de cambio.

¿Cuánto hemos tardado en comprender y enmarcar, en términos de ordenación política y de gobernanza, una transformación de semejante calado? Varios siglos después, todavía cabe la duda de si lo hemos logrado del todo. Y, para llegar hasta aquí, un recorrido largo: las revoluciones burguesas del siglo XIX, la progresiva alfabetización de las sociedades industriales y el progresivo desarrollo de la prensa, el lento avance de los ideales de democracia política, de libertades civiles y de derechos humanos, el nacimiento de los movimientos sociales y el desarrollo de las conciencias individuales, la Ilustración francesa, el liberalismo inglés y el idealismo alemán, la desmitificación de las tradiciones atávicas, la racionalización del mundo y la secularización de las explicaciones sobre su funcionamiento, la organización de los movimientos obreros y las grandes concentraciones de las fuerzas del trabajo, la humanización de la era industrial, la elevación de los derechos de los trabajadores a categoría fundamental de un modelo de organización social, la consolidación de los sistemas de democracias liberales característicos de Europa occidental tras las dos guerras mundiales. Todo eso y mucho más ha hecho falta para comprender y enmarcar ese inmenso proceso de cambio de la modernidad y de la transformación tecnológica que llegó con la Revolución industrial.

Sus consecuencias son infinitas. Se ramifican por todas y cada una de las categorías. Se filtran en todos y cada uno de los órdenes. En la economía y en la política, en la sociología y en la cultura, en todos los ámbitos de la forma de vida humana, en nuestras mentalidades y en nuestra vida cotidiana. Nada de lo que somos y nada de lo que hacemos escapa a un proceso de cambio de semejantes dimensiones.

¿Cuántos fracasos acumuló el ser humano hasta poder orientar con éxito un proceso histórico de tanta trascendencia y de tanta envergadura? Las páginas de los libros de historia desbordan fracasos hasta bien entrado el siglo xx. Y no fueron pocas las generaciones que quedaron por el camino con un bagaje de éxitos más bien pobre.

Hay veces en que una o varias generaciones fracasan justo ahí. En una cuestión de época, de contexto histórico. No por falta de actitud, de preparación o de nivel político, sino por una cuestión de contexto. Por la extraordinaria complejidad de la realidad que le toca vivir, por la falta de perspectiva que todavía se tiene ante circunstancias extraordinarias, cuando aún no ha pasado el tiempo necesario para poder percibir el volumen ni la profundidad de los desafíos, cuando es demasiado pronto todavía para interpretar, por ejemplo, una revolución tecnológica de enorme profundidad y que lo cambia todo.

La actual generación de dirigentes y de representantes institucionales ha llegado a su edad adulta en un instante histórico así. En el contexto más complejo que hayamos conocido en mucho tiempo. Y dentro de él, en la década más trascendente que Occidente haya vivido también en mucho tiempo. No estamos condenados a un fracaso sin paliativos, pero el tamaño del reto es inmenso. Por eso, cuantos más pasos sea capaz de dar esta generación, cuanto más levante la mirada y piense en grande, más tiempo recortará de todo el que nos falta para una gobernanza mínima del cambio tan profundo que atravesamos.

He pertenecido a esa generación. La que llegó al liderazgo político del país en el recorrido por las fases ya avanzadas de una nueva revolución tecnológica que está transformando el mundo a mayor velocidad que ninguna otra en la historia. Es honesto reconocer que resulta completamente imposible llegar a intuir los límites de este inmenso proceso de cambio. Ni nos da tiempo a medir y a asentar las impresionantes transformaciones que está produciendo ni podemos todavía acercarnos a imaginar dónde están sus límites. Lo único que sabemos es que su magnitud supera, por mucho, cualquier otra que hayamos conocido en la historia de la humanidad.

Las fases que ya ha alcanzado la digitalización llevan tiempo desafiando todas y cada una de las zonas del pensamiento. La tecnología ha afectado a nuestra concepción misma del espacio y del tiempo, categorías en completa redefinición en el contexto de la actual transformación tecnológica.

Ha modificado nuestra percepción de la realidad y está transformando nuestra manera de relacionarnos con ella, con nosotros mismos y con los demás. Ha alcanzado nuestras mentalidades y creencias. Ha cambiado nuestra vida cotidiana, nuestros hábitos y nuestras costumbres. Ha abierto campos de oportunidad y nuevas realidades inimaginables hasta hace unos años. Ha desarrollado nuevas zonas de nuestra economía y ha acabado con otras. Lo está cambiando todo y todo lo está poniendo a prueba, incluyendo nuestros instrumentos para ordenar la convivencia con arreglo a normas y leyes agrupadas en torno al derecho, disciplina que se muestra torpe y lenta y que no termina de adivinar cómo aterrizar bien en la naturaleza global del cambio y en el nuevo mundo de las identidades digitales.

Las consecuencias se aprecian bien en la vulnerabilidad que sufren nuestros derechos sociales y civiles, tan amenazados por nuevos poderes salvajes, tan cuestionados en las nuevas realidades digitalizadas que habitamos.

O en la economía y el empleo, en proceso profundo de cambio, y a la espera de lo que traigan los avances en algoritmos e inteligencia artificial, conteniendo el aliento ante su plasmación práctica de la robotización.

Se ve igual de bien en nuestra relación con la verdad y la mentira, tan en revisión, tan expuestas ambas a nuevos debates que hasta hace no muchas fechas ignorábamos del todo. Igual que a nuestras relaciones políticas, en fase completa de redefinición en algunos de sus aspectos fundamentales como por ejemplo en su naturaleza intermediadora de la representación, en las dinámicas de participación y movilización social o en la canalización de los descontentos.

Todo queda afectado, transformado por el contexto de revolución tecnológica en el que nos encontramos. El edificio conceptual que ordenaba el mundo ha perdido eficacia en casi todos los órdenes. Y, políticamente, los esquemas de funcionamiento ya no operan bien. No son pocos los problemas que derivan de ahí. Problemas cuyo alcance no terminamos de adivinar del todo.

Con ellos se ha dado de bruces la actual generación política. Es justo reconocer que si las capacidades que la política demuestra ante semejante desafío todavía son tan pobres es porque aún no han sido ideadas e implementadas las herramientas con las que afrontar un fenómeno que no cabe dentro de las categorías pensadas y diseñadas para un mundo de ayer: identidades corpóreas, estados y fronteras, soberanías e instituciones nacionales, tiempos lentos de la política.

La imagen evoca bien a la de aquellos que miraban sorprendidos la construcción de las primeras fábricas de la era industrial. O la de aquellos otros que, con ojos incrédulos, asistían al paso de una máquina de vapor sobre raíles. Esta vez, la fábrica y la máquina tienen un aspecto mucho más imponente. De nuevo está cambiando la naturaleza del comportamiento humano, aunque esta vez a mayor velocidad que nunca. De nuevo, todo queda afectado: la economía, las normas que ordenan la convivencia, los sistemas institucionales, los modelos de organización política y social, la definición de la pertenencia, el ideal de ciudadanía... Aunque esta vez con mayor profundidad que nunca. Nada hay que no esté en profunda revisión. Los tiempos lentos de los procesos democráticos difícilmente canalizan, interpretan políticamente y gobiernan en el marco de sus fronteras nacionales un proceso que discurre acelerado y muy por delante de la ordenación política y la gobernanza de su significado y de sus múltiples impactos.

Con esto nos hemos dado todos por el camino. También mi generación política, de la que hablo en este capítulo. La que ha llegado a la dirección de los diferentes partidos y la representación institucional en medio de este impresionante momento de cambio.

Una generación que nació en los últimos años de la década de los setenta. Es un lugar común señalar que es la primera que, en toda la historia de España, ha recorrido el tiempo completo de su vida en el contexto de una democracia.

No está nada mal recordarlo, por muy lugar común que sea. Comparado con cualquier otra generación anterior, la diferencia es relevante.

Traemos, oculta en el interlineado generacional, una característica diferente y relevante con respecto a las generaciones anteriores de la democracia. En esta ocasión, la inmensa transformación del mundo que atravesamos está invirtiendo el flujo temporal del que provienen nuestros principales miedos. A nuestros padres y madres o a nuestros abuelos y abuelas era el pasado el que les producía miedo; cualquier hipótesis de repetición de un pasado traumático y de sangre. En el caso europeo, el ejemplo más evidente lo tenemos en el proyecto de integración de soberanías democráticas europeas. Es precisamente eso; una huida del pasado, de un siglo XX que tuvo en la Segunda Guerra Mundial su instante más dramático. Todo el recorrido posterior se resume en la construcción de una salvaguarda frente a los enormes avisos del pasado. Avanzar hacia delante por miedo a lo que hay detrás. El miedo al pasado convertido en el material principal de un proyecto político de futuro que nos protege de nosotros mismos. Y que busca hacer imposible toda hipótesis de repetición.

En el caso español sucede, a otra escala, algo muy similar. El proceso constituyente del 78 está envuelto en el miedo a un pasado que había que alejar hasta hacer imposible toda opción de vuelta a un escenario de enfrentamiento entre españoles como los vividos en España en los ciento cincuenta años previos al pacto constitucional. Y de manera destacada, la Guerra Civil tras el golpe de Estado franquista de julio de 1936. De ahí, aquel acuerdo entre diferentes de la Constitución de 1978, tantas veces criticado por algunos de mis compañeros de generación. Pienso que se olvida demasiado rápido que sólo fue posible gracias a la energía procedente de la lucha antifranquista y de las movilizaciones sociales y políticas contra el franquismo. Que se presta poca atención a que ese gran pacto es también heredero de un legado de exilio, de cárcel y de sacrificios de generaciones enteras que no conocieron otra cosa que la guerra y la dictadura.

Un acuerdo que, en contra de lo que a veces se interpreta, o se malinterpreta, se alcanza gracias a una suma de renuncias que sólo salieron adelante tras el empuje de los sectores de la sociedad más comprometidos con la democracia y a la generosidad y la grandeza de los liderazgos. La primera de las renuncias, la de Santiago Carrillo a la república. La segunda, la de Felipe González al marxismo. Detrás de ellos, las renuncias de Manuel Fraga al franquismo y la de Adolfo Suárez, secretario general del Movimiento, al propio Movimiento.

En ese juego de renuncias y en el empuje de la lucha antifranquista hunde sus raíces esta democracia, la que la generación se encontró en nuestros primeros años de vida.

Una generación que algunos años después, y de manera común a todo Occidente, está asistiendo a una transformación del mundo de tal magnitud que, entre sus múltiples consecuencias, destaca la inversión del flujo del miedo. Ya no lo produce el pasado, que se da por descontado y no genera miedo alguno. Lo produce el futuro. No sabemos todavía qué hay al otro lado de un cambio tan significativo, pero, entre tanto, avanzamos sin saber interpretar del todo las nuevas psicologías del descontento cuya naturaleza no comprendemos bien.

Nuevos fantasmas recorren Europa. Y, junto a ella, las sociedades occidentales. Fantasmas que adquieren formas de expresión política que parecían imposibles tan sólo un par de décadas atrás. Personajes inexplicables han ocupado y ocupan algunos de los escenarios centrales y algunas de las más altas responsabilidades políticas. Donald Trump, Victor Orban, Mateo Salvini, Boris Johnson, Marine Le Pen, Jair Bolsonaro... Parecen personajes más bien competencia de otro de los firmantes de este libro, especializado en atracos a la casa de papel y en guiones audiovisuales y series de ficción. Si aparecen en este capítulo es porque han traspasado las fronteras de la ficción y se han metido en la realidad. Ocupan o han ocupado cancillerías y altas instituciones democráticas, alcanzan los puntos más elevados de los sistemas políticos de representación. Sistemas que, en muchos casos, eran hasta hace poco ejemplos comunes en cuanto a estándares elevados de funcionamiento institucional, de nivel de exigencia y de calidad democrática. Hoy, esos personajes deciden sobre millones de vidas y condicionan la respuesta global ante desafíos comunes relacionados con movilidad humana, comercio internacional o lucha contra la crisis climática, por poner sólo algunos ejemplos.

Consiguen condicionar la agenda de las prioridades globales y llenan la atmósfera de formas incompatibles con valores mínimos de comportamiento político, de ética de la responsabilidad y de principios cooperativos en instituciones y organismos multilaterales.

No sabemos muy bien cómo han llegado ahí, pero el caso es que lo han hecho. Y lo han hecho sobre energías electorales de las que si especulamos tanto es porque no las entendemos, porque no las identificamos del todo, asentadas como están sobre múltiples materiales de difícil disección, proviniendo desde ángulos que casi nunca adivinamos.

Y, con ellos, toman cuerpo algunos de los aspectos de este cambio que, aunque no alcanzamos a interpretar ni a comprender del todo, intuimos su trasfondo, la inmensa transformación tecnológica y geopolítica que estamos atravesando.

La generación política a la que he pertenecido, la que nació con el nacimiento de la democracia, la que creció con ella, la que progresivamente se desvinculó emocionalmente del miedo de las anteriores generaciones a la repetición del pasado, la que empezó a ver venir el miedo desde el futuro, la que cargó con la etiqueta de la generación más preparada de la historia ha visto como ha sido precisamente la historia la que traía reservado para ella todo un desafío de época.

2

Un desafío de época que no viene solo. Trae, además de la mayor transformación tecnológica que hayamos conocido, otros enormes procesos de cambio que también son de fondo. Y que también estaban ahí, esperando a los actuales responsables políticos de nuestro país para terminar de perfilar el contexto de una época, la que a nosotros nos ha tocado vivir y a ellos intentar conducir políticamente.

Estos nuevos años veinte que atravesamos se presentan como una década de consagración de algunas de las principales tendencias globales que ya llevaban años perfilándose. Tendencias que han ido caracterizando las últimas décadas, que han ido dotándolas de marcos y de contextos, y que se han configurado como los ejes centrales de las relaciones productivas, comerciales y económicas globales. Todas esas tendencias, características de las fases avanzadas de la globalización, desarrolladas y aceleradas en estas últimas décadas, recorren su actual década de consolidación.

Entre todas ellas, hay una bien conocida que destaca de manera relevante. El grueso del crecimiento económico global lleva años desplazándose hacia el océano Pacífico. Si la ampliación del tamaño del mercado mundial ha alcanzado cotas desconocidas en nuestra historia ha sido por su capacidad de descentralización y alejamiento geográfico, en mayor medida que nunca, de dos de las variables que lo definen, las que con anterioridad operaban en Occidente con mayor proximidad geográfica: producción y consumo, oferta y demanda. Ambas llevan ya mucho tiempo demostrando una impresionante elasticidad espacial. A pesar de las últimas señales de contracción del comercio mundial, por las consecuencias de la pandemia y la invasión rusa de Ucrania, éste ha sido capaz de alcanzar unos niveles desconocidos en la historia.

Este fenómeno de globalización de la cadena productiva ha terminado por desarrollar, así, nuevas geografías de la producción en las que Asia ocupa un lugar preferente. La consecuencia para las regiones más desarrolladas es ya una realidad bien conocida, llevan años experimentado procesos de deslocalización de la producción. Alterada la localización geográfica de la producción de la oferta —en algunos de los sectores estratégicos— y mantenida la localización de la demanda y el consumo, las consecuencias son extraordinariamente relevantes.

Entre los aspectos positivos: se está produciendo una redistribución del crecimiento y la riqueza mundial hacia algunas de las regiones del mundo que entraron en este ciclo con menores niveles de desarrollo. Los indicadores globales de pobreza muestran una significativa reducción de las diferencias entre continentes y en número de personas pobres en los continentes menos desarrollados. China destaca por encima de otros actores, con un incremento de más de un 700 % en PIB per cápita en los últimos treinta años. Un salto sin precedentes en la historia de la humanidad.

Entre los aspectos negativos: de aquí parten algunas de las problemáticas productivas, económicas y laborales que han sufrido y siguen sufriendo no pocas de las regiones más desarrolladas del mundo. Problemáticas que han actuado, a su vez, como causas de algunos de los desórdenes políticos que han vivido y continúan viviendo en estos últimos años. Desórdenes que configuran, a su vez, un contexto determinante en el campo de actividad política. Partes centrales de la conversación de nuestra época, de los marcos de prioridad y de las amenazas de este tiempo están determinadas de manera directa por éstos.

Los fantasmas antes citados, los que recorren Europa y otras sociedades occidentales, encuentran aquí algunas de sus principales energías. Solemos utilizar la palabra «populismo» para acercarnos a ellos.

Quizá no tengamos otras más afinadas o mejores, así que con esa palabra nos referimos a todos esos fenómenos políticos que nos cuesta mucho comprender y que no sabemos explicar del todo. Normalmente, fenómenos que sucedieron sin que pareciera posible que pudieran suceder.

Es innegable que este tipo de fenómenos han alcanzado un amplio nivel de éxito en estos últimos años. Es también innegable que se han manifestado de manera mucho más intensa allí donde se localizan los denominados perdedores de la globalización. Ahí es donde mejor han cuajado esas nuevas narrativas que se ofrecen siempre bajo la forma de las fórmulas mágicas y las soluciones fáciles y rápidas ante los cambios de vida bruscos que están experimentando muchos ciudadanos de los países más desarrollados.

Ahí es donde mejor han germinado las nuevas amenazas y los nuevos miedos que actúan como material central de estos fenómenos.

Es difícilmente discutible que el funcionamiento del mundo se está haciendo cada vez más misterioso e inaccesible. La ausencia de instrumentos de gobernanza para una globalización regulada, la descentralización geográfica de la producción, las interdependencias globales y la revolución tecnológica, entre otros fenómenos, están generando una transformación del mundo hacia una realidad más compleja que nunca.

Es en ese marco en el que se han ido desdibujando múltiples contornos del mundo de ayer. Un mundo que hoy se ve más comprensible y seguro, construido sobre certezas que no es difícil que en la actualidad sean alimento de narrativas de nostalgia, de propuestas políticas que ofrecen recuperar nuestros viejos paraísos perdidos. Lo cierto es que todo lo que ordenaba un funcionamiento comprensible del orden de las cosas está siendo sustituido por una realidad mucho más compleja. Y esa pérdida de claridad en el funcionamiento del mundo se muestra como el marco perfecto para el surgimiento de los nuevos miedos que lo recorren.

El cambio que en ese proceso están viviendo las identidades nacionales es un buen ejemplo; ya no son tan fáciles de definir como lo eran ayer, están repletas de una nueva riqueza de matices, pluralidad y heterogeneidad. Son cualquier cosa excepto definiciones homogéneas. Quizá por todo ello sean tan fáciles de reivindicar y de ser utilizadas como material central en los discursos de repliegue y renacionalización de las respuestas ante las problemáticas de nuestra era, siendo de indiscutible naturaleza global las más relevantes de todas ellas.

De la misma manera, los marcos de pertenencia, cada vez menos recortables por la línea de puntos, cada vez menos reducibles a un único plano, cada vez más distribuidos en múltiples planos y niveles, cada vez menos sencillos y lineales.

Y, entre lo uno y lo otro, el yo y el nosotros, pronombres en intenso proceso de resignificación. Ambos actuando como receptores y medidores de impacto, como sismógrafos del terremoto de transformaciones que estamos atravesando.

Es justo reconocer que todos nos perdemos entre los laberintos de esta era que nos ha tocado. En mayor o menor medida, a todos nos acompaña una cierta desorientación ante la complejidad del mundo y la velocidad de los cambios. En las fracturas de esas desorientaciones es donde operan políticamente las múltiples formas que adopta ese fenómeno que denominamos populismo. Lo hace apelando a los vértigos y los miedos que nacen en ellas. Sus propuestas mágicas, casi todas de naturaleza reactiva y defensiva y anunciadas siempre en mayúscula, apuntan hacia allí.

Con ello ha adquirido una potencia electoral inimaginable hace tan sólo unos años. No es precisamente despreciable la lista de éxitos que ya ha alcanzado. La salida de un país de la Unión Europea, la llegada de un indescriptible producto televisivo a la Presidencia de Estados Unidos y su posible vuelta en las próximas elecciones presidenciales, el asalto al Capitolio por parte de una turba de seguidores de éste, el incremento de apoyo social a partidos nacionalpopulistas en un buen número de países occidentales, la pérdida de complejos por quienes reivindican iconos totalitarios del siglo xx en varios países de la Unión Europea, la distorsión del plano deliberativo en no pocos sistemas democráticos, la elevación de los discursos del odio, del racismo y la xenofobia a categoría política normalizada en muchos países y la exaltación de diferentes formas de ultranacionalismo que vuelven a envenenar con éxito la cultura política en Occidente. No son pocos sus logros. Son muchos y bien conocidos por todos. De fondo, sobre algunas características dispares, algunos rasgos comunes. Y uno especialmente: todas ellas son propuestas políticas contrarias al rasgo principal de las democracias occidentales; sistemas que sólo son posibles desde una óptica de sociedad abierta.

Se conforman así nuevos ejes de ordenación y distribución política; globalización/renacionalización, cosmopolitismo/nacionalismo reactivo, sociedades abiertas/sociedades cerradas.

En esos ejes, las narrativas de repliegue y reacción se ofrecen siempre en lenguaje sencillo y de fácil acceso. No hay complejidad alguna en ninguna de ellas. Y todas ofrecen lo mismo: la vuelta a un nosotros identificable, una patria para sus habitantes originarios, las naciones para sus nacionales, la identidad pura frente a las contaminaciones exteriores y las impurezas externas, la recuperación plena de la soberanía, el cierre de fronteras y el aislamiento frente a los otros.

Siempre es igual en todos y cada uno de esos procesos políticos que hemos conocido durante estos años y que tantos problemas tenemos para explicar con éxito y combatir.

Las tensiones que está produciendo la extensión por buena parte de Occidente de este tipo de fenómenos son mucho mayores que la capacidad que éstos han demostrado para afrontar adecuadamente ni uno solo de los desafíos globales de esta era. No hay una sola región del mundo occidental donde las propuestas políticas de estas expresiones estén manifestando eficacia alguna en la superación de ningún problema relevante. Por el contrario, no paran de generarlos. La realidad es que están demostrando una capacidad mucho mayor para conseguir el voto de los electores que para mejorar siquiera mínimamente la vida de ninguno de los que les votan.

Hace ya algunos años que España tampoco está exenta de estas narrativas nacionalpopulistas. El recuerdo de nuestro particular siglo XX nos hizo pensar, durante muchos años, que estábamos vacunados como sociedad ante fenómenos políticos de esta naturaleza. Ya hemos descubierto que no era así. Un partido similar a las principales formaciones nacionalpopulistas que vemos en otros países europeos ya ha hecho su aparición en nuestro país con millones de votos detrás.

Todo sucede en el corazón de un ciclo en el que las transiciones globales que se estaban produciendo en estas últimas décadas están en claro proceso de consolidación. No es muy aventurado señalar que la región del mundo en la que habitamos, y dentro de ella nuestro país, está recorriendo una de las décadas más importantes de cuantas hayamos vivido en mucho tiempo.

El tamaño del desafío se ve claro al recordar las proyecciones económicas globales realizadas por el Banco Mundial para el año 2030. En esa fecha, Asia concentrará el 60 por ciento del crecimiento económico acumulado del conjunto de la humanidad. Con ello habrá multiplicado por tres su producto interior bruto en tan sólo una década y media. Estará concentrando el 90 por ciento de las nuevas clases medias del mundo, en el entorno de 2.400 millones de personas. Se habrá completado con ello una de las mayores transformaciones en la estructura de rentas de cuantas hayamos conocido.

China, India y el sudeste asiático serán los grandes protagonistas de un proceso de crecimiento en escalas de velocidad y alcance poblacional nunca ensayadas en la historia.

Paralelamente, China concentrará el 50 por ciento de la inversión tecnológica mundial, con seis puntos más de los que hoy representa. En una década habrá superado al gran inversor tecnológico actual, Estados Unidos, su gran competidor. Se habrá colocado así a la cabeza de la inversión en tecnología avanzada del mundo.

La región más poblada se habrá consolidado, por tanto, como la primera región económica, productiva, comercial y tecnológica del planeta. El cambio es de una naturaleza de lo más trascendente.

Se ve bien en la composición del G8, el grupo de las ocho economías más avanzadas del mundo. A principios de los años noventa, cinco países europeos formaban parte de él. A mediados de los años 2000, cuatro. A la mitad de esta década, tan sólo permanece Alemania. En el año 2035 ya no quedará ninguno. El cambio geopolítico se verá reflejado en una nueva composición del grupo de las ocho economías más avanzadas. Todos sus protagonistas serán nuevos. Ordenados a un lado y otro del océano Pacífico reflejarán el traslado hacia otras geografías de los epicentros económicos del mundo. Los viejos países de la vieja Revolución Industrial habrán dejado a otros su antiguo lugar protagonista. China, Estados Unidos, Japón, India, Brasil. El juego geopolítico que se ordena sobre las primeras economías del mundo estará centrado en esos nombres.

Afrontaremos esos retos con una distribución desigual de las edades promedio de los distintos continentes. Asia la tiene en treinta y un años. Más baja que la de América del Norte, que la tiene en treinta y cinco. Y que la de Oceanía, con treinta y tres. Sólo igualada con América del Sur y superada en juventud por los impresionantes dieciocho años de edad promedio del continente africano. Europa tiene el dato más elevado, cuarenta y cuatro años. Ocupa, con él, el lugar más destacado de envejecimiento poblacional en el mundo.

Todavía no sabemos qué hay al otro lado de todas esas cifras ni sabemos cuál será la ruta que se abra con la década siguiente, pero no es difícil aventurar que el desafío alcanzará en nuestro continente y en nuestro país una magnitud desconocida.

Así que no, no es precisamente sencillo el tiempo político que les ha tocado a quienes tienen la responsabilidad de dirigir políticamente nuestro país y prepararlo ante una completa transformación de la realidad global.

¿Cómo perfilar un proyecto de país en este contexto? ¿Cómo conseguir que sea compartido por las principales fuerzas políticas y los interlocutores sociales?

La corrección de las lagunas de productividad y de competitividad de nuestra economía, la orientación de nuestra estructura productiva al valor añadido, la mejora en la eficiencia de los servicios públicos desde la perspectiva de la cohesión social, la corrección de desigualdades, la mejora en el funcionamiento de nuestras administraciones públicas, la adecuación de nuestro modelo territorial a las realidades de hoy, la ampliación de derechos y obligaciones de nuestra condición de ciudadanía, etcétera.

Todo eso, y mucho más, debería conformar la estructura de un proyecto de país que mi generación política no ha sido capaz de construir y compartir mínimamente. Sufre precisamente por ahí, por las dificultades para trenzar, desde todas las diferencias que la conforman, una idea clara de futuro hacia la que avanzar, un papel para España en este contexto global que ordene las energías y que actúe como objetivo compartido.

¿Qué debemos hacer para afrontar con más garantías un proceso de cambio global de semejante envergadura? ¿Qué reformas son necesarias, qué políticas son oportunas, qué alianzas comunitarias deben buscarse y qué complicidades geopolíticas deben labrarse? La ausencia de una respuesta mínimamente compartida por esta generación nos ha lastrado de manera significativa. El mal principal que la carcome está ahí; no alcanza a definir un proyecto compartido ante el inmenso reto global del tiempo que nos ha tocado.

Paralelamente al contexto anterior, nos acompañan algunos problemas propios, viejos conocidos que muchos años después siguen presentes en España: desempleo juvenil y estructural muy elevado, el más alto de la OCDE, baja productividad, que continúa como problema recurrente de la economía española, pérdida de convergencia con las economías del euro, que con toda probabilidad hunde sus raíces en los rumbos equivocados del ciclo enloquecido de la burbuja inmobiliaria y el inmenso impacto que generó en términos de insostenibilidad, además de las consecuencias de la crisis financiera de 2008. Y, finalmente, un último problema de contexto: la invasión de Ucrania por parte de Putin que ha vuelto a colocar una guerra en las mismas fronteras de Europa, trastocado el funcionamiento completo de la economía mundial y reordenado la agenda de prioridades europeas para los próximos años.

En medio de todo eso, la generación política a la que he pertenecido ha sufrido y sigue sufriendo para alcanzar un proyecto compartido de país que mire a la cara a los principales problemas de España. Ante la complejidad tan abrumadora del contexto histórico, sería un instrumento de enorme valía. Tener una guía, una ruta clara que seguir sobre los primeros pasos compartidos, las primeras decisiones y las primeras medidas en el largo camino que hace falta hasta que otras generaciones políticas futuras cuenten con los lenguajes y los instrumentos necesarios para el encauzamiento y la gobernanza de esta nueva realidad global que está naciendo.

Si hay algún precio que mi generación política está pagando es precisamente ése, el precio de no haberlo sabido alcanzar.

Así que es justo reconocer que el tamaño del reto que se ha encontrado esta generación es de una enorme magnitud y también que no hemos sido capaces de ofrecer, ante éste, un proyecto compartido de país.

No está clara la razón, pero lo cierto es que hemos sido incapaces de diseñar un horizonte compartido de país. A pesar de la evidencia de los desafíos, ni siquiera lo hemos intentado.

Contrariamente a toda posibilidad cooperativa, uno de los elementos que mejor nos ha definido como generación ha sido una extraordinaria capacidad competitiva. Ésta, y no otra, ha sido nuestra tendencia natural desde que se abrió este último ciclo de los nuevos liderazgos en la política española. Si queremos elegir un rasgo para definirnos es precisamente la tendencia que hemos demostrado por la competición.

Una generación que compite todo el rato, que piensa e interpreta la realidad de su tiempo en términos competitivos, en clave de lucha por las posiciones y los marcos, por las hegemonías narrativas y culturales. Que se organiza en política para competir. Lo hace en el contexto de los tiempos electorales y también fuera de ellos. Compite en instituciones, en medios de comunicación y en redes. Compite dentro y fuera de las diferentes organizaciones políticas que la articulan. Compite a tiempo completo y lo hace sin tregua.

Es difícil encontrar, en la historia reciente de nuestro país, una generación con tanta vocación competitiva. Siempre ha existido competición entre dirigentes y formaciones políticas —no hay democracia sin ella—, pero nunca inhibiendo hasta estos niveles las posibilidades de cooperación transversal con las que construir un legado generacional compartido.

Si podemos dividir la política en dos tiempos, uno de carácter electoral y de naturaleza competitiva y otro de carácter institucional y de naturaleza deliberativa y cooperativa, mi generación política se siente cómoda en el primero y muy incómoda en el segundo. Se me escapa por completo la razón de que esto esté durando tanto tiempo como modelo aceptado de comportamiento político, pero lo cierto es que está adoptando ya la forma de un rasgo estructural de la política española en el nivel nacional.

Ese esquema de demonización constante del adversario se despliega como estrategia conectando bien con las nuevas dinámicas que han desarrollado los medios audiovisuales. El espectáculo de la polarización encaja mejor que la temperatura templada del lenguaje, más eficaz en un debate sereno y una vocación deliberativa orientada al acuerdo que ya no cuenta con los vientos favorables de los nuevos lenguajes audiovisuales, que no aterriza bien en las nuevas velocidades y que no conecta con las demandas de estilos y actitudes que han permeabilizado hasta impregnar por completo el comportamiento de la política nacional.

Si las tertulias televisivas nacieron copiando los esquemas del debate institucional, hoy es el debate institucional el que copia los esquemas de las tertulias televisivas. El tránsito entre los epicentros deliberativos está ya plenamente completado. Recuerdo bien mis últimos años en la actividad institucional, las dificultades que estaba alcanzando una comunicación acelerada de cortes televisivos de doce segundos que dominaban por completo la acción política.

Sucede un fenómeno similar en las redes, espacios en disputa en los que la comunicación simple, radical y rápida funciona mejor que ninguna otra y que están resultando determinantes en la configuración de lenguajes, formas y psicologías políticas. En última instancia, también en el comportamiento de los actores políticos de nuestro tiempo.

Son múltiples las consecuencias de este fenómeno de polarización extrema, pero, entre ellas, destaca el alarmantemente bajo nivel de valoración que en España ha alcanzado el que se considera adversario político. Las estrategias de polarización aterrizan en forma de distancia entre la buena opinión que tenemos sobre nuestra opción partidista y la cada vez peor opinión que tenemos del adversario de referencia. Las distancias se han ido ampliando de manera muy significativa en estos últimos años. No es ningún secreto que, en términos de país, no hay nada bueno esperando detrás de estas tendencias. Más bien, todo lo contrario.

El objetivo en términos de estrategia de país debería centrarse en la reducción del valor tan elevado que la consideración negativa del adversario ha alcanzado en España. La cooperación institucional en torno a los asuntos de fondo podría ser una buena vía a explorar, equilibrando competición con cooperación para avanzar hacia una mejor imagen del de enfrente. De todos los enfrentes que hay en una sociedad como la nuestra, tan plural, tan compleja y tan diversa. Además de ser más eficaz en términos de funcionamiento político, de recuperación de parte del prestigio perdido por parte de la política y de los políticos, podría convertirse en un gran reductor de polarización, relajar el ambiente y permitir avances compartidos.

Revertir la radicalización vacía en reflexión y debate debería ser uno de los primeros compromisos de este tiempo. Romper de una vez con los esquemas de polarización y disputa para entrar de lleno en una fase más productiva que posicione con vocación cooperativa a los principales referentes políticos ante un cambio de lenguaje.

Se podría empezar precisamente por ahí, por el lenguaje. Es sorprendente la velocidad con la que caducan las palabras en el debate político. Palabras que, además, nacen siempre enormemente inflacionadas. Con vocación de gran tamaño. Casi siempre en mayúscula, para anunciar que todos los días pasan cosas de gran trascendencia. Palabras enormes que al día siguiente son olvidadas, sustituidas y tapadas por nuevas palabras, otra vez en mayúscula para ser, a su vez, olvidadas de nuevo veinticuatro horas después. La política nacional se ordena dentro de un *scroll* de contenidos que no para y que es imposible seguir. Van pasando unos temas y van quedando tapados otros sin posibilidad alguna de permanecer en la conversación un tiempo mínimo. El suficiente, al menos, como para estabilizarse y mostrar algo de eficacia en el carácter performativo que, en otro tiempo, tuvo el lenguaje de la política. Desgraciadamente, hoy distorsiona más realidad de la que produce.

La corta fecha de caducidad de las palabras y lo rápido que prescriben nos da la medida de lo rápido que pasan los temas, de la corta esperanza de vida con la que en realidad son pronunciadas.

Algo, en el lenguaje político, ha entrado en un cambio de naturaleza inaudita.

La relación tan serena y tan sorprendentemente familiar que ha desarrollado con las contradicciones es una buena muestra. Se admiten mejor que nunca, y de manera más que relajada, los mensajes contradictorios en ciclos temporales cada vez más cortos. Recuerdo sufrir especialmente por aquí en mis últimos años de actividad política. Una contradicción —un mensaje contradictorio— en un ciclo temporal de unos meses me generaba unos niveles de desasosiego insanos.

Hoy, las estrategias políticas parten, todas ellas, desde una relación sana con la contradicción, decir una cosa y al día siguiente decir o hacer la contraria. Sin que nada pase. Así es que esta dinámica, esta práctica aceptada, aparece entre nosotros de manera serena y recurrente. La vemos, a veces, en arcos temporales de unas semanas de diferencia. Pero la hemos visto aparecer en cuestión de días. E incluso de horas. Una cosa y su contraria. Con la misma expresión solemne. Con plena conciencia de que las hemerotecas han muerto hasta el punto de que han dejado de operar por completo en política. Ya no tienen ningún valor.

La consecuencia es que la política nacional ha empezado a habitar en un presente continuo. Ya no atiende de manera transversal al futuro, no integra enfoques generacionales y no adquiere compromisos compartidos ante el mismo. Y, a la vez, sabe que su pasado ha prescrito.

Su estado natural es ese tiempo verbal: un presente continuo en el que resultan posibles las sustituciones constantes de unos temas por otros sin que nada asiente ni tenga en cuenta los otros dos tiempos verbales.

Es un tiempo, el presente continuo, que no permite un asentamiento mínimo de los temas. De ahí parten no pocas de las ineficacias en el rendimiento político que está caracterizando esta época. La política necesita de futuros políticos que la ordenen y de pasados recientes que la estabilicen, otorgando lógica a sus narrativas. Que le den trazabilidad y coherencia, que recuperen el valor de las palabras, que concedan importancia a las ideas y a los compromisos. Que recuperen una relación sana con los tiempos medios y largos en la actividad política.

Por ese camino, ésta podría hacerse, de nuevo, más atractiva ante una ciudadanía que atraviesa sus registros más altos de desafección. O, por ejemplo, ante los ojos de profesionales que no vienen de las estructuras de los partidos políticos, sino que han desempeñado su actividad en otros ámbitos profesionales.

El tránsito con todo ese caudal de talento está cerrado en España. El mal uso que algunos han hecho de las pasarelas entre la actividad política y la actividad empresarial, en ese fenómeno que conocemos como puertas giratorias, ha cerrado por completo ese camino. No hay pasarelas significativas de profesionales de los sectores privados a las responsabilidades públicas. No las hay en comparación con el caudal tan abierto que existe entre los altos funcionarios del Estado y los responsables de partidos políticos y las instituciones del Estado. Los primeros, más orientados a los gobiernos. Los segundos, más volcados en los parlamentos.

Los tránsitos fluidos entre áreas de actividad son principalmente esos dos: altos funcionarios del Estado al poder ejecutivo y altos responsables de partidos a órganos legislativos. Entre el sector público y el sector privado las puertas están cerradas casi por completo.

Son muy pocos los casos de personas destacadas en empresas privadas que accedan a ocupar escaños en los órganos legislativos de nuestro país. Y pocos también los que dejan su puesto en el sector privado para aceptar responsabilidades ejecutivas de gobierno.

En contra de las apariencias, por el enorme ruido que generaron algunos casos vergonzosos e inaceptables de puertas giratorias, el talento no transita bien entre lo público y lo privado. El resultado es que el espacio de la actividad política ha ido reduciendo la variedad de perfiles profesionales que la protagonizan y que cada vez es menor el número de personas entre las que elegir porque mucho del inmenso talento de esta generación no encuentra motivos ni alicientes para entrar en los partidos e instituciones para hacer política activa.

El desarrollo del país, y dentro de él el desarrollo de un potente sector privado, más amplio y atractivo para los desempeños profesionales que lo que quizá fue hace cuarenta, treinta o veinte años, crea espacios más atractivos para muchas mujeres y hombres que los que es capaz de crear la política.

Aquí se produce un enorme déficit en nuestro funcionamiento político. La actual generación es seguramente una de las más destacadas de nuestra historia en desempeños profesionales. Difícil encontrar, en nuestra historia reciente, una mayor concentración de talento empresarial, científico, tecnológico, periodístico o deportivo en anteriores generaciones. No estoy seguro de que se pueda decir lo mismo de la actual generación política. En parte porque mucho de ese talento profesional no encuentra aliciente alguno para entrar en política. Recuerdo bien el periodo en el que preparé mi candidatura a la Secretaría General del PSOE para el Congreso de 2014. Las mayores dificultades las encontré aquí, en la atracción de talento de mujeres y hombres que ocupaban puestos destacados en el sector privado. Intentar atraerlos a un proyecto político de transformación de país resultaba tremendamente dificultoso.

No es ningún secreto el intenso descenso que los partidos han experimentado en su número de afiliados. En España, unas 300.000 personas reconocen ante la Agencia Tributaria el pago de las cuotas de afiliación a partidos políticos: 300.000 personas en un país de cuarenta y ocho millones de habitantes. Con las pasarelas cerradas entre el sector privado y el público, con una actividad poco atractiva para la entrada del inmenso talento profesional de esta generación y con el número de militantes en los partidos políticos descendiendo de esta forma tan acusada, la política elige entre cada vez menos gente sus puestos de máxima responsabilidad institucional.

No sorprende que por estas problemáticas haya ya un buen número de partidos políticos apostando por múltiples formas de apertura y dinamización de la participación política en el interior de sus estructuras y por formas nuevas de elección de sus principales dirigentes. Tratan de hacerse más atractivos para alcanzar niveles más altos de participación que alimenten y enriquezcan tanto el funcionamiento interno como el volumen de perfiles disponibles para las diferentes responsabilidades políticas e institucionales de las que deben hacerse cargo. Aquella frase de «un militante, un voto», que pronuncié antes de aquel Congreso Federal del PSOE del año 2014, iba precisamente en esa dirección. En la de tratar de dotar de una mayor capacidad directa al voto de cada mujer y de cada hombre que formaba parte de mi mismo partido. La curva de participación que había visto era enormemente preocupante. Entre mediados de los años noventa, cuando me afilié al PSOE en la agrupación de Deusto, mi barrio de Bilbao, y el año 2014, cuando formalicé mi candidatura a la Secretaría General del Partido Socialista, la realidad de participación interna era casi la de dos partidos distintos.

Este cambio profundo no es exclusivo del PSOE. Es común a todas las formaciones políticas. Y todas continúan haciendo esfuerzos para tratar de aglutinar mayor volumen de talento en el interior de sus filas.

No sabemos si todos esos esfuerzos darán sus frutos. No sabemos si aparecerán fórmulas que propicien una mayor y más activa participación dentro de las formaciones políticas. Tampoco sabemos si la política sabrá desarrollar un atractivo suficiente como para que un mayor número de perfiles procedentes de otros sectores de actividad se sientan atraídos.

Ojalá sea así. Resulta más que evidente que en el éxito de los procesos de modernización de la política se juega parte importante del éxito del desarrollo de nuestra democracia en los próximos años.

Uno de los procesos de transformación política más significativos que hemos conocido nació con el 15M. De ahí partió un ciclo de cambios de extraordinaria importancia para nuestro país. Todos recordamos bien el contexto, una crisis financiera en 2008 que derivó en una crisis de endeudamiento, pronto en una crisis económica global y a partir de ahí, en una crisis política de enorme envergadura. Gran parte de la pérdida de capacidad de la política ante el impacto de aquellas crisis propició el desarrollo de una extraordinaria movilización social y política en nuestro país. Seguramente, una de las más relevantes que hemos visto en muchos años. A ella le debemos muchos de los procesos de apertura que hemos visto ensayar a los más relevantes partidos políticos de nuestro país, a ella le debemos la renovación de algunos lenguajes y de algunas aspiraciones políticas, el surgimiento de nuevas demandas y de nuevos debates que han modificado en una medida muy relevante el comportamiento político de España en estos años.

A ella también le debemos el surgimiento de nuevas organizaciones políticas cuya importancia ha sido enorme en el recorrido de casi una década completa.

No está claro si de aquí en adelante los nuevos contextos les seguirán acompañando de manera propicia o si esas organizaciones políticas deberán reordenarse y repensarse. Tampoco está claro cuál será su legado en el medio plazo, pero es innegable que en ella se encuentra una de las expresiones más relevantes y una de las energías más significativas de los últimos años.

¿Podrán repetirse, en el futuro, estallidos de descontento similares al 15M? ¿Volveremos a ver la organización de esos estallidos en movimientos y la conversión de éstos en formaciones políticas con millones de votos detrás?

No podemos descartar que suceda de nuevo. El contexto global, con los desafíos que trae en el presente y en el futuro próximo, puede ser enormemente propicio para el surgimiento de nuevos procesos de movilización social que modifiquen y reordenen, otra vez, el escenario político, su estructura y su composición.

No lo sabemos...

Entre tanto, la actual generación política ya ha empezado a irse. A más velocidad que las anteriores. A mucha más de la que a veces nos damos cuenta.

Algunas se despidieron así:

«No me arrepiento de nada, pero he aprendido a reconocer errores, cosas que no se hacen bien aunque uno crea que está haciendo lo justo».

Susana Díaz, 12 de julio de 2021, en su despedida de la primera línea política.

Otros, así:

«Creo que en un proyecto colectivo los éxitos son de todos y los malos resultados son responsabilidad del líder. Por eso me marcho.

Para mí, ser diputado ha sido un orgullo y un honor».

Albert Rivera, 9 de noviembre de 2019, en su despedida de la política.

Otros optaron por este mensaje:

«No sé lo que es el destino, caminando fui lo que fui».

Pablo Iglesias Turrión, 4 de mayo de 2021, en su despedida de la política.

Y otros por este otro:

«Deseo muy sinceramente toda la suerte al próximo presidente y todo el éxito para concitar la lealtad y respaldo que va a necesitar».

Pablo Casado, 1 de marzo de 2022, en su despedida de la política.

No sabemos si los máximos responsables institucionales del país serán sustituidos, por primera vez en toda nuestra historia democrática, por dirigentes de mayor edad que los actuales. Si así fuera, estaríamos ante la última de las señales de confirmación de que hubo elementos relevantes que nos faltaron a la hora de configurarnos como una generación política trascendente y significativa en la historia de España.

Nos faltó un proyecto de país. Un proyecto en el que ensamblarnos y avanzar de manera compartida en los primeros pasos de un camino que, al menos, estuviera bien orientado para que, en el futuro, pudieran completarlo otros. Otros con las perspectivas, los lenguajes y los instrumentos necesarios para poder encauzar y gobernar el inmenso salto de época en el que nos encontramos.

Y sin ese horizonte compartido sucedió lo que tenía que suceder.

Algunos creían intuir algo pero, en realidad, no se acercaban en nada.

Otros intuían bien pero no supieron construir con ello.

Y, finalmente, hubo quien intuyó bien y construyó un buen plan pero, por distintas razones, no consiguió llegar a aplicarlo. En todos los casos lo mismo: válidas y respetables formas de perder la gracia.

«He comunicado a la portavoz del Grupo Socialista en el Congreso de los Diputados que he tomado la decisión de iniciar una nueva etapa profesional que nada tendrá que ver con la actividad política e institucional».

Eduardo Madina, 28 de julio de 2017, en su despedida de la política.

Este libro se terminó
de imprimir en
Sabadell, Barcelona,
en el mes de
mayo de 2023